21天练出好体态

李金霖 著

山东科学技术出版社

·济南·

图书在版编目（CIP）数据

21天练出好体态 / 李金霖著 . -- 济南：山东科学技术出版社, 2025.1. -- ISBN 978-7-5723-2359-1

Ⅰ.G804.4

中国国家版本馆 CIP 数据核字第 2024B0U390 号

21 天练出好体态

21TIAN LIANCHU HAO TITAI

责任编辑：张丽炜　　高　慧
装帧设计：孙小杰

主管单位：	山东出版传媒股份有限公司
出 版 者：	山东科学技术出版社
	地址：济南市市中区舜耕路 517 号
	邮编：250003　电话：（0531）82098088
	网址：www.lkj.com.cn
	电子邮件：sdkj@sdcbcm.com
发 行 者：	山东科学技术出版社
	地址：济南市市中区舜耕路 517 号
	邮编：250003　电话：（0531）82098067
印 刷 者：	济南新先锋彩印有限公司
	地址：济南市工业北路 188-6 号
	邮编：250100　电话：（0531）88615699

规格：32 开（143 mm×210 mm）
印张：4.375　　字数：114 千　　印数：1~5 000
版次：2025 年 1 月第 1 版　　印次：2025 年 1 月第 1 次印刷
定价：39.00 元

前言

笔者从事瑜伽教学、培训及管理已有 11 年，国内外不间断进修专业，同时进修、实践瑜伽运动解剖、中医外治法以及心理学知识，获得了国家二级心理咨询师和国家二级公共营养师认证，同时是名中医徐文兵开办的厚朴中医筑基班第六期学员、李湘授特种刮痧班学员，创建身心疗愈品牌——归拙之疗愈（公众号同名），意为回归朴素自然之道。

本书围绕体态展开，但并不仅仅只有人体外形层面的训练，因为体态受到多种因素的影响，这些因素可能来自遗传、性别、年龄、心理、环境、生活习惯和疾病等多个方面。为了保持良好的体态，我们需要注意自己的生活习惯，保持训练和良好的心理状态，并在必要时寻求医疗帮助。

本书分为上下两篇，上篇内容除了介绍一部分理论外，主要是对体态问题进行局部的调整，但是 21 天课程是根据整体训练逻辑而来，前后顺序环环相扣，建议不要打乱训练顺序或只单独练习某一天的内容，系统的训练除了能够改善书中涉及的问题外，还能改善书中没有呈现出来的比如瘦小腿、改善肱骨前移等问题。对应的情绪问题结合了心理学、唱诵、呼吸法和冥想等训练，上篇内容适合完全没有基础、对身体缺乏觉察的初学者，但不适合长期练习。下篇是以《瑜伽之光》中的序列为主，在合理的组合里不断调整重心、结构和适应性的问题，并结合了唱诵、呼吸法和传统瑜伽冥想进行身心同调的整体性训练，适合有一定觉知力的练习者终生探索练习。最后，本书还提供了生活建议，力争用自然的方法对不良体态所呈现出来的身心问题进行整体性改善。

我们需要知道的是，人体没有绝对的标准体态，因为每个人的身体结构、生理特点和遗传因素都有所不同，这导致了体态的个体差异。尽管存在个体差异，我们仍然可以探索一些理想或健康的体态特征。这些特征通常基于人体解剖学和生物力学原理，旨在维持身体平衡、稳定性和功能效率。这样的体态有助于减轻身心负担，预防疼痛，提高运动表现，并促进整体健康。

　　同理，瑜伽体式没有标准，传统瑜伽练习是以呼吸为中心，提升身心的觉知状态及个人意识的认识，而并非把自己塞进"标准"体式的外形里。比如说我的髋很紧，那在练习中就要做一些妥协，在专注中找到自己当下平衡、稳定的状态，在练习中接纳自身。近些年，很多瑜伽训练总是引导人们追求摆出外形"标准"的瑜伽体式或是"高级"体式，前一种是在不符合自身条件，追求炫耀体式外形的练习中使身体受到损伤，后一种是无知无觉盲目听从，导致相当大一部分瑜伽老师和我一样都走过练习的弯路，比如说很多瑜伽老师把自己的胸椎练直了，身体前侧越来越宽，身体侧面越来越薄，关节失去正常的稳定性和灵活性，呼吸出现问题，情绪不稳定，精神力、专注力下降，气血虚弱。我个人是随着学习经验的积累以及自身的练习实践，在尝试中得以不断地修正自己，但是依然在成长的路上，有不足或错误之处还请读者朋友们斧正。

　　我们需要知道瑜伽始于不同的源头，这些源头相互交融，同时又与其他源头相互影响，形成了如今这个多元化的瑜伽世界。本书内容，请不要奉为标准模版，只是作为改善体态的参考之一。我选用的内容，也只是我个人在实践中愿意参考的内容，不应该成为唯一的权威指导，真正的老师是你自己。当我们从混沌通过某些媒介（比如瑜伽）走向用呼吸有意识地觉察自己的练习、日常身心状态与行为开始，再到觉察回归自然的状态，就是让被尘封的具有智慧的自己显现的过程，良好的体态只是这个过程呈现的结果之一。

　　《瑜伽经》中说："体式是舒适和稳定的。"不舒适和不稳定的体式几乎都是错误的或者是当下并不适合你的。比如说三角伸展式，如果没有腿和骨盆的稳定，脊柱和手臂就无法伸展，斜方肌不放松，腋窝和胸部打不开，体式不舒适，呼吸也无法顺畅舒适，大脑也会很紧张。舒适不代表练习时懒散，不需要突破和耐心。如何判断练习中的进退，我给出一个简单的建议：练习某个体式时，如果出现了呼吸急促、不畅甚至憋气的情况，体力快速流失，无法保持稳定和专注，那就超出了你现在的练习范围，应在保持重心和结构性的前提下进行退阶练习。

同时，练习一定是循序渐进的。在瑜伽中越复杂的体式，对身体的宽容度越小，越容易受伤。我们要反复练习基础体式，尤其是在合理的序列里练习，探索体式的深入度而非体式的难度，训练在不同的体式中重心、结构和适应性的能力。单个体式要注重循序渐进，比如在前屈练习中，腿最终呈现出来的是直腿状态，但是如果当下没有能力伸直，只要带着这个意识和目标方向练习就可以。在动态练习中，前屈不需要在直腿状态下屈髋，而是先屈膝再屈髋，呼气时缓慢地蹬直膝盖，感受小腿肌肉拉伸，再呼气缓慢蹬直，感受大腿肌肉拉伸，当感受无法再深入时，就停在那里保持呼吸，不要做进一步的拉伸了，而是放在下一次练习里持续积累。在练习中出现肌肉酸、麻、胀和适当的抖动都是正常现象，如出现刺痛、撕裂疼痛，需要立刻停止练习，这不属于正常练习会带来的反应。在序列性练习中，不要追求动作的完美，而要保持不同动作之间重心、结构变化的平衡能力。最后，正常练习后，虽然会有肌肉层面的酸胀、发软等感觉，但会感到舒服，精神状态放松、情绪平和。如出现异常情况请立刻就医，因为随着练习的开始，气机的活跃性可能会触发一些隐藏的疾病。

传统瑜伽的教室是没有镜子的，因为瑜伽需要训练的是内在的觉察，并非用眼睛看外形。除此以外，若未详细评估人体的复杂性以及个体的经历，教学中老师是不宜贸然上手辅助学员的，学员通过自我觉察做出自我调整的体验会比老师辅助更为深刻，老师贸然碰触会打扰学员在练习中的深入体验。

练习中只要觉察到身心有变化，身心的疗愈就开始了，体态自然也会优化。用树式来举例，从起始位开始到拿脚、放脚、手臂上举等过程中觉察身体给出的反馈，让意识专注其中去探索，感知静态、动态中自己的呼吸、稳定性和舒适性。练习时如果感觉无法再深入、呼吸不顺畅、意识不专注，那就停下来重新开始探索，探索到自己当下最稳定舒适的位置后，再慢慢突破。不要担心这样的练习会呈现出一个不好的结果，你可以在练习前拍一张照片，从山式做到几次单腿的稳定，另外一条腿放在支撑腿内侧的位置并保持重心稳定（不需要做到树式最终的样子），回到双腿站立位后再拍一张照片，会看到支撑腿侧的膝盖和骨盆高度被提升了。除此以外，在这个过程中你还会看到自己的情绪，也许是常见的不耐烦、不接纳当下的进步，但是不要去考虑原因，也不需要干预，只需要把专注力拉回来继续探索就可以。以身体为媒介，训练自身的觉察力和专注力，不要着急进入到体式最终的样子。

　　长此以往，我们除了能获得优雅的体态、心灵的放松，更能从体式的练习为瑜伽八支中第七支的冥想打下坚实的基础。说到冥想，让我想起一个故事：一个和尚在打坐，他的师父上来就敲了他一下，说他在做表面功夫。这就是现在很多人"冥想"的状态，做个样子，心却跟猴子一样上蹿下跳，这是因为从来没有规律地训练过。冥想是长期的功夫，而最基本的是从觉察开始。练习瑜伽的人是很幸运的，因为瑜伽的每一支都在为冥想打基础。所以，我理解的瑜伽是非常私人化的练习，是无法长时间跟着某个老师的口令练习或依赖老师辅助的。在初识瑜伽的阶段，瑜伽课堂或书籍的出现，是让我们去了解瑜伽的基本原则和方向，如何预防瑜伽练习中的伤害。在自我探索的阶段，老师的作用是当你提出疑惑时，他来分享自己的练习感受，仅此而已。

　　体态是身体整体所呈现出来的结果，最终希望本书的呈现和你的规律练习，能够让自己拥有良好的呼吸状态、稳定的情绪、良好的精神面貌和良好的体态。

目录

上篇

第一章　课程设计 2

- 体态与呼吸的关系 2
- 体态与筋膜的关系 4
- 体态与步态的关系 5
- 体态与饮食的关系 6
- 体态与情绪的关系 6
- 呼吸与情绪的关系 7
- 瑜伽八支对身心健康的影响 7
- 三身五鞘 10
- 饮食与情绪的关系 11
- 唱诵与情绪的关系 12
- 曼陀罗 OM 13
- 手印法与情绪的关系 13
- 冥想对身心健康的益处 14
- 课程设计使用指南 15

第二章　万能练习公式 17
- 良好体态的重要性 17
- 什么是好体态 18
- 评估自己的体态 19
- 练习公式 20
- 体态呼吸和万能体式1-5的练习方法 21

第三章　打造好看的腿型 29
- Day1　认识根基以及足底筋膜 29
- Day2　认识踇外翻和扁平足 32
- Day3　认识足背屈 37
- Day4　X或O形腿调整 39
- Day5　躲开练习导致屁股疼的陷阱 42
- Day6　"刀削"大象腿 46
- Day7　日常站姿训练 48

第四章　塑造美臀 50
- Day8　认识骨盆 50
- Day9　瘦腹的呼吸 53
- Day10　改善坐骨神经痛 55
- Day11　调整假胯髋 58
- Day12　内核能量的帮手 60
- Day13　改善臀侧凹 63

- ❀ Day14　练臀练出大长腿 66
- ❀ Day15　日常坐姿训练 68

第五章　整容式美背

- ❀ Day16　脊柱评估和训练 69
- ❀ Day17　改善含胸驼背 72
- ❀ Day18　消灭副乳和"拜拜肉" 75
- ❀ Day19　胸曲过直的评估与训练 78
- ❀ Day20　不要疼痛的蝴蝶翅膀 81
- ❀ Day21　富贵包消失术 83

下篇

第六章　进阶练习 88

- ❀ 瑜伽和觉知 88
- ❀ 瑜伽和肌肉 89
- ❀ 瑜伽和体态 91

第七章　《瑜伽之光》第一个序列拆解 94

- ❀ Tadasana 或 Samasthiti 山式 94
- ❀ Vrksasana Ⅰ 树式第一式 96
- ❀ Utthita Trikonasana 三角伸展式 99
- ❀ Utthita Parsvakonasana 侧角伸展式 104

- VirabhadrasanaI 战士第一式 108
- Virabhadrasana Ⅱ 战士第二式 112
- Parsvottanasana 加强侧伸展式 115
- Savasana 挺尸式 118

附 1 122

附 2 126

附 3 127

参考文献 130

上篇

第一章　课程设计

❀ 体态与呼吸的关系

呼吸训练是调整体态的重要开始。呼吸对我们的重要性不言而喻，是最基本的生理活动。正常情况下，一个成年人的呼吸频率大约是 12~20 次/分。但这只是一个大致的范围，实际上会受到许多因素的影响，如年龄、性别、身体健康状况、活动水平、情绪状态以及环境等。例如，运动或体力活动会提高呼吸频率，因为身体需要更多的氧气来支持肌肉活动；而休息或睡眠时，呼吸频率则会降低；情绪紧张或激动时，呼吸也可能加速。呼吸不仅是让我们获取氧气和排出二氧化碳的途径，作为我们每时每刻都在进行的活动，对我们身体的改变更为深远，围绕本书的主题，我们看看呼吸是如何影响骨骼肌系统的平衡，从而改变体态。

我们常见的两种呼吸模式：胸式呼吸和腹式呼吸。在日常生活中，人们往往会在不同的情境下自动切换这两种呼吸方式，但是腹式呼吸在能量使用上更经济，在正常情况下是主要的呼吸模式。胸式呼吸主要通过肋间肌的舒张和收缩使胸廓起伏，从而改变胸腔内的压力和容积，进而影响肺的扩张。胸式呼吸对体态的直接影响较小，但长时间采用胸式呼吸可能导致身体得不到充足的氧气供应，进而影响体态的自然与挺拔。腹式呼吸以膈肌运动为主，吸气时横膈膜会下降，将脏器挤到下方，使得腹部膨胀；呼气时横膈膜上升，帮助排出肺底部的二氧化碳。腹式呼吸对体态的影响更为显著。在腹式呼吸中，吸气时的主动肌是膈肌、肋间外肌。膈肌收缩，膈顶下降，从而使胸腔全方位扩展（向上、向下、向两侧）；吸气时肋间外肌收缩，实现肋骨的上提和外扩，帮助胸腔扩张。用力吸气时，除了膈肌、肋间外肌的收缩，胸锁乳突肌、背部肌群、胸部肌群等也发生收缩，参与扩张胸廓。呼气阶段的主动肌是肋间内肌、腹壁肌。呼气时，肋间外肌舒张，将肋骨向下、向内拉。用力呼气时，除了膈肌、肋间外肌的舒张，肋间内肌、腹肌等发生收缩，参与收缩胸廓。两种力量最终使得胸腔收缩，肺部收缩，排出空气。

最佳呼吸模式，就是以上这些肌肉能够各司其职，形成良性的互动和平衡。呼吸和体态之间是相互影响的关系，因为呼吸肌和维持体态的肌群很大程度上是一致的，受限的呼吸模式和糟糕的体态会形成恶性循环。受限的呼吸模式，首先是腹部核心肌群不够活跃，过于松弛，使得呼气时，腹部不能充分收缩，腹内压较低，膈肌始终处于紧张状态，肺部收缩受限，更多的空气残留在肺中。吸气时，吸入空气量减少，即呼吸变浅，氧气摄入量减少。

由于身体耗氧量并没有变化，因此身体做出了适应性调整。一方面，呼吸频率加快，心跳速度加快；另一方面，肋间外肌、胸锁乳突肌、肩胛提肌等提肋肌更多参与到呼吸中，扩张胸腔。久而久之，体态逐渐发生变化。在受限的呼吸模式下，肋骨长时间外扩、上抬，颈椎和头部向前倾斜，肩关节上抬并内收，腰椎曲度增加，骨盆前倾，最终导致身体重力线倾斜和扭曲，各主要关节——颈椎、肩关节、腰椎、骨盆、髋关节、膝关节、踝关节和足都会发生适应性改变，造成多种体态问题，如上交叉综合征、下交叉综合征和旋前变形综合征等常见的体态问题。上交叉综合征主要表现为圆肩（含胸）、驼背、头前倾，以及翼状肩胛，即所谓的"天使的翅膀"。这种不良体态除了影响个人形象和气质外，还会带来一系列的身体损害。例如，紧张的肌肉可能导致肩颈酸痛、手臂麻木；颈部曲度僵硬可能影响大脑的血液供应，使人感到昏沉和无精打采；呼吸不畅和圆肩还可能加重心脏负担。下交叉综合征则主要表现为腰背部疼痛，骨盆倾斜（以骨盆前倾最为多见），以及下肢不等长等情况。严重的可能会出现骶髂关节、髋关节、膝关节及踝关节的退行性病变，导致关节疼痛和活动受限。旋前变形综合征通常表现为足外翻和扁平足，膝关节内扣（X形腿），以及相关的肌肉功能异常。这种综合征可能引发足底筋膜炎、胫后肌腱炎、髌骨肌腱炎和腰背痛等症状。

❀ 体态与筋膜的关系

筋膜，作为结缔组织的一种，构成了一个错综复杂且精细的纤维体系。这一体系如同一张密集的网，紧密地包裹并支撑着我们的身体结构，确保其稳固性与功能性。它不仅支撑和塑造我们的身体，还将身体的各个部分联结成一个相互依存的网络。

值得注意的是，筋膜是一个独立的组织，内含大量的神经末梢、疼痛感受器和运动传感器。这些感受器和传感器起着至关重要的作用，它们能够接收并传递关于身体运动和器官功能的信息至大脑，使得我们能够实时感知身体的各种变化并作出相应的反应。筋膜具有出色的弹性特质，能够根据需要进行收缩和扩张。此外，它还承担着肌肉间力量传递的重要任务，确保肌肉在运动中能够相互协作，顺畅地进行各种动作。为了保持筋膜的弹性和灵活性，我们需要对其进行规律拉伸。若忽视这一点，筋膜及其相关的组织（如肌肉、神经、韧带、关节囊）可能会逐渐硬化、收缩、变厚，最终变得僵硬，难以拉伸。这种僵硬状态不仅会影响肌肉和关节的正常功能，还可能导致体态的不良变化，甚至引发疼痛等问题。

在《解剖列车》一书中，人体的五条主要筋膜链被详细描述为后表链、前表链、侧表链、螺旋链和前深链。这五条筋膜链在维持体态、产生运动以及传递力量等方面起着至关重要的作用。

后表链从足底开始，经过小腿后侧、腘绳肌、臀大肌、竖脊肌，直至头顶和面部。主要维持身体的直立姿势，防止向前弯曲。当后表链紧张或过度使用时，可能导致腰痛、背痛、膝盖痛等问题，影响身体的挺直和平衡。反之，如果后表链松弛，则可能导致身体过度前倾，形成不良的体态。

前表链从足背开始，经过小腿前侧、大腿前侧、腹部，直至胸锁乳突肌。主要参与身体的前屈动作，并与呼吸和情绪管理有关。当前表链紧张时，可能导致颈前伸、驼背等不良体态。同时，前表链的紧张也可能与焦虑、紧张等情绪状态有关。

侧表链从外踝开始，经过小腿外侧、大腿外侧，连接至腰方肌和肋骨，主要维持身体的侧向稳定性，并参与扭转动作，侧表链的功能障碍可能导致身体侧倾、骨盆倾斜等问题，影响身体的平衡和稳定性。

螺旋链是螺旋状地缠绕在身体周围，连接多个关键部位，负责身体的扭转和旋转动作，对运动中的灵活性和协调性至关重要。螺旋链的功能障碍可能导致身体转动受限、动作不流畅等问题，影响身体的灵活性和运动表现。

前深链从足底开始，深入骨盆、腹腔和胸腔，连接至头面部，主要维持身体内部的稳定性，与呼吸、消化等生理功能密切相关。前深链的功能障碍可能导致身体内部失衡，影响呼吸和消化等生理功能，进而影响体态的稳定性和舒适度。

筋膜的激活可以改善体态和运动功能。

✿ 体态与步态的关系

正常行走需要所有参与的肌肉及关节有足够的肌力和关节活动度，还需要适当的感觉回馈（本体感）及平衡来调整身体的动作和姿势，若步态出现问题，自然就会影响到体态。常见的步态失衡有足拍击、高跨步、跳跃式、股四头肌无力、膝反屈、髋屈曲或膝屈曲挛缩、臀大肌无力、髋外展肌无力、髋关节上抬、髋关节回旋。比如说膝反屈步态所呈现出来的体态是臀部向后、身体向前，髋屈曲或膝屈曲挛缩的行走就像大猩猩。步态的评估和训练是一个复杂的过程，本书中的体态调整并不是针对步态问题的，但是通过整体训练，对步态有积极的改善作用。

体态与饮食的关系

饮食作为身体获取能量和营养的主要方式，对体态的形成和保持有着不可忽视的影响。首先，营养均衡的饮食是维持良好体态的基础。摄入足够的维生素、矿物质和膳食纤维等营养素，可以提高身体的代谢能力和改善肌肤质量，从而使体态更加健康和美观。同时，合理的膳食结构和食物选择，可以帮助塑造更好的体型，如增加肌肉的比例和减少脂肪的积累，使身体线条更加流畅。其次，饮食对体重的控制有直接影响，而体重的变化往往与体态的优劣密切相关。为了维持适度的体重，我们需要使能量的摄入与消耗达到平衡。如果摄入过多的高热量食物，而缺乏足够的运动来消耗这些能量，就会导致体重增加，进而可能引发体态问题，如弯腰驼背等。再次，饮食对肌肉的状态也有显著影响。肌肉是支撑身体姿势和保持体态的关键组织。通过摄入高质量的蛋白质和其他营养素，可以促进肌肉的生长和修复，提高肌肉的力量和耐力，从而有助于改善体态。

体态与情绪的关系

人的身体和心理是不可分割的。在瑜伽中，我们通过身体的练习来控制自身游走不定的思绪。通过体式的练习及对身体的拉伸和压缩来刺激神经系统，从而唤醒身心连接，良好的体态是持续练习的自然结果。

通过观察可以发现，当一个人心情低落或自卑的时候，会含胸驼背，想要把自己隐藏起来、保护起来；内心充满自信和力量的时候，会昂首挺胸，更有勇气迎接挑战。

《黄帝内经》里有五脏与五志之说，也有"精神内守，病安从来"之说。《经典中医启蒙》作者李辛指出:"从疾病的发展过程来看,精神层面的卡顿和不快,是一切疾病和失调的开始。留而不去,会影响到能量层,气病阶段,再进一步就是身病。"

现代医学也早就关注了情绪对健康和疾病的重大影响,哈佛大学的一个调查发现,90%的疾病来自于我们的内在,源于我们的情绪。随着脑部相关研究的进展,心理和疾病之间的关联也在渐渐揭开神秘的面纱。我们的头脑直接或间接影响身体的各项机能,如血压、心率、免疫反应、激素分泌等。我们的身体是一本活生生的自传,经年累月的焦虑会使肌肉组织产生永久的变化,生命早期因循而来的怯懦、退缩、盎然或苟且等性格,都会深植在我们的神经中枢里。

❀ 呼吸与情绪的关系

呼吸对情绪具有显著影响,这一观点在多个领域的研究中得到证实。呼吸与神经系统紧密相关。作为瑜伽八支中的一支,呼吸法是瑜伽中非常重要的一部分。呼吸提供了一个渠道,通过特定的呼吸模式,激活不同的神经回路,给身心带来不同影响。从生理学的角度看,呼吸主要涉及两种基本的呼吸方式:胸式呼吸和腹式呼吸。在本书中会使用到部分调息法,调息和一般呼吸运动的差异在于是否有意识带入,是否是"觉知性行为",是生命力的控制、扩展和延伸,涉及吸气、住气和呼气,以及吸气、住气和呼气之间的时间长度比例。《哈达瑜伽之光》中说:"呼吸不稳,则心意不稳;呼吸稳定,则心意稳定。"在众多的研究中,我们可以看到,作为生理运动和功能的调息可以对更加精微层面的心意产生巨大影响,进而由心意的状态影响到体态。

❀ 瑜伽八支对身心健康的影响

从瑜伽哲学的视角来看,压力、焦虑和抑郁等情绪问题很大程度上源于我们对外界刺激的过度反应以及内在的心理失调。这些失调可能源于个人的情绪失控、痛苦经历或内心斗争，也可能因外部的敌对、恶性竞争或意识形态冲突而产生。瑜伽作为一种修身养性的练习方式，通过赋予我们内化的觉知，帮助我们重塑基本反应模式，使我们免受不当反应的不良影响。在瑜伽的高级阶段，它甚至可以事先完全阻止这类反应模式的产生。

众多研究表明，通过持续的瑜伽练习，个体的态度、认知和创造力都能得到显著提升。因此，瑜伽练习者通常能展现出更加冷静、从容的状态，更能有效地应对生活中的挑战。当练习者能够充分发挥自己的潜能时，他们便能过上更加充实、丰富的生活，并乐于与他人分享自己的喜悦和幸福。

我所接触的帕坦加利瑜伽是由八个步骤（分支）组成的。

第一支制戒（Yama）：是指为改进外在行为所需遵守的行为规范。它包括非暴力、诚实、不偷盗、节欲和不贪婪。瑜伽的理论和哲学能够让瑜伽练习者在心中对自己的生命和整个世界产生客观的、不偏不倚的看法。经常接触瑜伽哲学，并进行瑜伽练习，能够增加我们的正面态度，比如无执、知足等，让我们在人际关系中变得更灵活，遵循制戒的人没有后顾之忧，就能获得瑜伽练习中更精微的体验。

第二支内制（Niyama）：是指为改善内心环境，每天应做到的行为规范。它包括身体内外纯净（比如外在清洁，食物净化内部，一点凝视法能够带来心理上的净化，减少冲突，可以通过曼陀罗和祈祷（暗示）来厘清思维、自足（无论外部世界发生什么情况，都保持绝对的平静和从容，这是需要保持警觉，训练将心安住在正确的态度上）、自律、内省。这些规范帮助我们培养内在的品质和精神成长。

第三支体式（Asana）：是指让人感觉舒适并能长久保持的身体姿势。各种研究发现，体位练习使自主神经系统转向副交感神经功能，这会带来内在的觉知、内省、宁静和内心的满足，体位能够强化自主神经系统、呼吸系统、内分泌腺、脊髓和内脏器官，从而促进身体和情绪的整体稳定。某些体位具有放松和冥想的特质，适合身心的发展。

第四支呼吸控制（Pranayama）：是指对呼吸的延长和控制。通过呼吸练习，可以调节身体的能量和情绪，提高集中力和意识清晰度。体位和调息能够从生理到心理改善我们的身体：肌肉与骨骼系统的本体感受性冲动负责身体的觉知；内部器官的内在感受性冲动负责内在深层的觉知；这些冲动的反馈结果不仅让相关的身体部位得到了放松，而且也将压抑的愿望、思想和情感带到了心理层面，最终找到释放的出口，从而获得瑜伽本有的放松效果。

第五支制感（Pratyahara）：是指通过控制感官，使练习者从对外关注转移到向内在专注的状态。通过减少对外界刺激的干扰，我们可以更好地集中注意力和感知内在的世界。

第六支专注（Dharana）：是指意识集中在一点，大脑不再波动，而是集中在一个事物上。它是进入冥想的初始步骤，帮助我们建立稳定和集中的注意力。

第七支入定（Dhyana）：是指静坐冥想的状态。冥想促使精神净化或者宣泄，有助于减少冲突和挫折。在这个阶段，我们将注意力集中在内在的世界，超越外在的干扰，达到内心的平静和宁静。

第八支三摩地（Samadhi）：是瑜伽修行的最终目标。在三摩地中，我们的意识与宇宙意识融为一体，体验到超越个人存在的无限广阔和深邃。

总的来说，瑜伽八支描述了从外在行为规范到内在精神成长的完整修行过程。通过逐步实践和体验这些步骤，我们可以实现身心的和谐与健康，达到内心的平静与宁静。

🌸 三身五鞘

除了瑜伽八支作为一套详尽的修行指导步骤外,《奥义书》中的三身五鞘思想,同样构成了瑜伽理论体系中不可或缺的一部分。这些思想深刻揭示了人的存在状态和灵魂的本质,为我们理解自我、追求内在平衡提供了有力的理论支撑。

"三身"理论详细阐述了人存在的三个基本层面。第一层面是粗身(Annamaya Kosha),它代表了我们与物质世界的最直接联系,涵盖了我们的身体和感官。这一层面关注饮食和物质享受,涉及土、水、火、风、空五大元素,与我们的基本生命体征紧密相连。第二层面是精身(Pranamaya Kosha),它涉及呼吸和生命力,代表了我们身体内的能量系统。这一层面与十种生命之气以及三脉七轮相对应,通过调息法和合理安排休息来维持平衡。需要注意的是,调息法的练习并不适合初学者,它需要在多年修持瑜伽八支的前几个步骤,如持戒、内制、体式等,在身体洁净、心意稳定的基础上方可进行。第三层面是因果身(Karamaya Kosha),它关联着我们的行为、思想和决策,体现了我们的业力和果报。这一层面涉及心理状态、情绪和意识,通过冥想、智慧和灵性实践来保持平衡。

"五鞘"理论则描述了精神外部的五层保护壳。这些鞘层从外到内依次是:粗身鞘、能量鞘、心意鞘、智慧鞘和喜乐鞘。它们各自对应着不同的功能和特性,共同保护和支持着精神。粗身鞘与粗身相对应,关注物质层面和物质享受;能量鞘与精身相对应,涉及呼吸、气能和生命力;心意鞘涉及心意、信念和情绪,它作为一种力量,深刻影响着我们的行为和决策;智慧鞘则关联着智慧、知识和体悟,通过阅读、打坐和冥想等方式得以培养和提升;喜乐鞘则是离精神最近的鞘层,它涉及基于智慧的觉悟所带来的灵性喜悦的体验。

综上所述,三身五鞘理论为我们提供了一个全面而深入的理解人的存在和精神本质的视角。通过瑜伽的实践,我们可以逐渐达到内在平衡，超越物质层面的束缚，实现更高层次的自我觉醒和成长。

❀ 饮食与情绪的关系

不同的饮食习惯和食物种类可以对情绪产生积极或消极的影响。首先，营养均衡的饮食有助于维持稳定的情绪状态。摄入足够的蛋白质、维生素、矿物质和 Omega-3 脂肪酸等营养素，可以促进大脑神经递质的正常合成和传递，从而有助于维持情绪的平衡和稳定。同时，新鲜蔬菜和水果等富含抗氧化物质的食物，可以帮助减轻身体的氧化应激反应，进一步缓解压力和焦虑情绪。其次，不良的饮食习惯和食物选择可能对情绪产生负面影响。高糖、高脂肪和高盐的食物，以及含有过多添加剂和防腐剂的加工食品，可能导致身体出现炎症反应和代谢紊乱，从而增加焦虑、抑郁等情绪问题的风险。此外，过度依赖咖啡、茶和其他含有咖啡因的饮料来提神，也可能导致情绪波动和失眠等问题。再次，饮食的时间和质量也会对情绪产生影响。不规律的饮食时间和暴饮暴食等不良饮食习惯，可能导致身体能量和营养素的供应不稳定，进而影响情绪的稳定性。细嚼慢咽、适量饮食和避免过度饥饿或饱食，则有助于维持稳定的血糖水平和能量供应，从而有助于保持愉悦的情绪状态。

在阿育吠陀医学中，将饮食分为悦性、变性和惰性食物，它们各自代表食物的不同特性和对身心的影响。

悦性食物指最健康、最完整的食物，特征是纯净。它包括所有水果、大部分的蔬菜、所有豆制品、乳类制品、坚果、所有的谷类制品等。这类食物色香味美，富有营养，烹饪方法简单。食用悦性食物可以使身体变得健康、纯洁、轻松、精力充沛，心灵宁静而又愉快，有益身心。同时，这类食物创造了更精细的、更敏锐的身体和精神系统。

变性食物指能够提供能量，有益身体但不利心灵的食物。它包括浓茶、强烈调味品、酱油、白萝卜、海带、巧克力、可可、汽水、过多的香料和食盐、辣椒等。经常食用变性食物会引起身心浮躁不安。喜爱这类食物的人，大部分性格粗犷、脾气暴躁、喜好争斗、固执己见。

惰性食物指容易引起怠慢、疾病和心灵迟钝的食物。它包括肉类、蛋类、洋葱、菌菇类、芥末、葱蒜等，麻醉型饮料、烟草、毒品等一切有麻醉性可吸入的和不新鲜、陈腐的食物。这类食物对心灵有害，对身体无益。过量食用惰性食物可能导致身体发胖，体重增加，饭后会感到积滞怠惰，性情易于激动暴躁。

除此以外，阿育吠陀医学还将人的体质分为风、土和火三大类，在本书的最后有道夏测试和不同道夏的饮食建议。

❀ 唱诵与情绪的关系

唱诵作为瑜伽体系中的重要组成部分，具有深厚的历史底蕴和实证价值。在古老的迦梨时代，练习者们通过单纯的唱诵练习，便能够体验到永恒的平衡、内心的喜悦与生命的不朽。唱诵不仅是曼陀罗（Mantra）的不断重复，更伴随着对其内在特质的专注冥想。通过这种练习，练习者能够抑制外在纷扰的想法，使心灵得到净化，意识得以稳定。

唱诵的形式多样，包括静默唱诵、轻声唱诵和大声唱诵等。其中，静默唱诵被认为比大声唱诵蕴含更为强大的能量。声音的本质是振动，这些振动在不可见的世界中会形成特定的形态。每一个声音，无论其简单或复杂，都会在不可见的世界中产生与之对应的形态。科学实验已经证实，通过特定的仪器（如沙床），我们可以观察到不同音符所产生的特定几何形状。

在唱诵中，音符产生的振动是至关重要的。这是因为唱诵的本质在于通过声音的振动来引发内在能量的流动和意识的变化。当唱诵者发出一个音符时，这个音符的振动会穿透身体，激活内在的能量中心，从而引发一系列身心反应。这些反应包括意识的提升、能量的流动以及情绪的平衡等，都是唱诵所带来的积极效果。

曼陀罗 OM

在《瑜伽经》的第一章中，帕坦加利特别提及了曼陀罗"Aum（OM）"，并赋予其特殊的地位。"Aum"一词在梵文中被称为"AKSARA"，象征着不灭、坚不可摧与不朽。这个词语由 a、u 和 m 三个字母构成，每个字母都承载着独特的意义。

由于这三个字母的特殊性，词语在它们的支撑下变得不朽而永恒。印度的圣人和瑜伽练习者们深知这一点，因此赋予 Aum 神圣的意义。通过念诵"Aum"，练习者能够将心专注于一点，平复心绪，实现身心合一。从印度圣哲和瑜伽士的角度来看，"Aum"这个词具有特定的发音方法和含义。当念诵时，张开嘴巴发出"A"的音，然后卷舌发出"u"的音，最后以"m"的音代表安静。这个发音过程不仅是一个声音的变化，更是一个心灵净化的过程。

在本书中，我们所提及的用于情绪调理的唱诵，实际上就是 Aum 的念诵。通过唱诵 Aum，我们可以达到身心的和谐与平衡，体验到内在的平静与安宁。

手印法与情绪的关系

"mudra"（手印）这一梵文词汇，指的是一种特定的"态度"或"手势"，它不仅仅是一种外在的肢体语言，更是内心情感、呼吸方式以及意识状态的直观反映。这种肢体语言在无意识中影响着我们，深刻揭示了身心之间不可分割的一体性。换言之，我们的思想（包括情绪）会直接影响身体的能量流动，而能量的变化又会反过来影响我们的身体状态。从生理学的角度来看，人体内有众多的能量循环路径，其中许多循环都终止于指尖。因此，通过特定的手印姿势，我们能够引导并促进积极能量的流动，进而减少消极情绪，增加积极情绪。

手印法有很多，每一种都有其独特的功效和应用场景。例如，启蒙契合法有助于开启智慧和灵感，母胎契合法则能够带来内心的平静与安宁，而空杯手印则有助于清空心灵，为新的体验和学习做好准备。

本书会将其应用于冥想练习中。通过结合手印与冥想，更深入地体验身心的和谐统一，感受能量在体内的流动与变化，从而实现情绪的积极调节和身心的全面平衡。

❀ 冥想对身心健康的益处

最新研究显示，能够让我们快乐的激素（神经递质）主要有内啡肽、多巴胺和血清素。

冥想能够影响神经内分泌系统，促进体内激素的平衡。研究表明，冥想可以缓解压力和焦虑，提高脑内的多巴胺、血清素和γ-氨基丁酸等神经递质的水平。这些物质与情绪稳定和感觉快乐有着密切的关系。当我们在逆境中或是有负面情绪时，可以通过杏仁核来改善情绪。杏仁核是边缘系统的一部分，当它活跃时，可以帮助我们缓解不愉快的情绪。而瑜伽呼吸练习则通过增加杏仁核与前额叶皮层的连通性来调节情绪，使负面情绪得到有效抑制。令人振奋的是，神经细胞是可再生的，血清素和多巴胺可以促进神经元的树突生长，使大脑灰质增厚。长期进行冥想的人，其额叶皮层和海马体的灰质密度比普通人更高。这些区域与记忆、情绪调节和自我认知等功能紧密相关。这让我们明白，通过呼吸练习、正念暗示和冥想等方法，可以刺激更多的神经递质释放，进而改善大脑的结构和功能。

冥想不仅可以帮助我们处理隐藏在意识深处的各种情结、恐惧及矛盾问题，还可以通过自我暗示及精神脱敏来排除这些问题。当这些问题得到解决时，我们的生命将自然而然地实现向成长和喜乐的转变。在开始冥想练习之前，我们应该使用自我暗示来准备自己。有效的自我暗示需要强烈的愿望或需求来看到自己的目标或暗示转化为期望的结果。没有强烈的愿望或需求，自我暗示的内容将很难实现或成功。自我暗示是消除造成精神紧张的各种因素的最简单方法之一，并可以阻止外部世界进一步对大脑产生负面影响。

课程设计使用指南

　　本书内容基于古典瑜伽、瑜伽运动解剖、中医、阿育吠陀以及心理学知识进行编撰，内容均非我创新，是借前人之智慧，在笔者 10 年教学中，学习、摸索、整合、实践、总结出的简单便行之法。

　　本书分为上下两篇，上篇内容主要是建立在瑜伽解剖学和身心合一的情绪地图基础之上，通过筋膜松解、抗阻拉伸技术、简单的体式、呼吸法、唱诵、冥想、饮食和生活建议等，力争通过 21 天，每天 15 分钟的练习达成良好体态和缓解相应压力、情绪的目标。下篇内容主要是建立在传统瑜伽基础之上，结合了呼吸法、唱诵和瑜伽冥想的练习，属于通用法，除了能持续深化稳定体态、缓解压力和情绪外，根据帕坦伽利《瑜伽经》中的八支法，通过八个步骤调节古纳斯（gu-nas）即人的三种品质，来追求身体、思想和呼吸的理想平衡。

　　这三种品质分别为：激性（ra-jas，即活力和运动）、惰性（ta-mas，即休眠和稳定）及悦性（sattva，即轻巧、清晰和纯净）。每个人都具有这三种品质，但是这三种品质在每个人身上的比例是不一样的。例如，在身体层面，多余的惰性会让肌肉变得迟钝、沉重且没有弹性；从思想层面来讲，惰性表现为根深蒂固的负面想法。在瑜伽练习中，做身体训练和呼吸运动，以及使用心理干预技巧的目的对自己的身体状况做温和而健康的调整。同时，练习瑜伽有助于感知与解决思维和感觉中的内在冲突，还能提供精神支持，走向更深的内在探索，提升能量、开启智慧、迈向喜乐境界。

上下两篇的练习能够调整体态和情绪，但是我们要明白的是，练一日有一日的效果，不练就没有效果或退步。当今世界公认的健康法则是"三分之一靠基因，三分之二靠自己"。在大多数情况下，生活方式对身体的影响远远高于基因对身体的影响。从体态层面来说，基因对肌肉过度紧绷和运动系统其他症状的影响是有限的，行为和生活方式起着决定性作用。所以，想要拥有持久的效果，必然需要长期练习和保持规律的生活习惯。

下篇适合终生探索练习。考虑到练习的安全性，本书在下篇仅提供一个通用简单的安全序列，后续的练习可以选择自己喜欢的老师进行探索或参加笔者的线下或线上课程。

如果有严重的心理问题或者非运动能解决的疾病，请及时就医。

第二章　万能练习公式

❀ 良好体态的重要性

对我们来说，拥有良好的体态，到底有多重要呢？

❀ 从穿衣着装的角度来看

一件中低档的衣服穿在一个拥有匀称身材、良好体态的人身上，效果会比一件高档衣服穿在不注重身材和体态的人身上更有美感和高级感。从表面上看，好的体态让人赏心悦目，对衣服有更强的驾驭能力，但从本质上讲，这是他们精神上生机盎然的挺拔感传递到身体骨架的结果。

❀ 从社会关系的角度来看

体态是大部分人见你第一面时在内心对你进行评判的标准之一。一个体态好的人往往能给人留下好印象，而一个体态欠佳的人则会让人感觉精神不佳。好的体态不仅让人看上去年轻，有朝气，在人际和职场方面也会多一些机会。

体态不仅是人外在美的基本要素，同时也在一定程度上体现着人们对生命的态度和对未来的追求。耷拉着肩膀、无精打采的人看起来缺乏自信，对自己所做的事情没有热情，也不认为自己很重要。因此，拥有一个好的体态，会让你自然而然地感到更自信。

❀ 从心理的角度来看

很多时候，体态的问题实际上是内在情绪造成的。控制好体态也能帮助我们控制不良的情绪。一个身心和谐的人，在体态上会表现为柔和、舒展；一个积极进取的人，体态往往是挺直端庄。人的体态是灵魂和内在精神的外在表现，体态、品质和性情应该是和谐统一的，优美、准确的态势语言，是人心境的自然流露。

❋ 从健康的角度来看

人的筋骨系统是健康的支撑，骨头具有支撑保护的作用，筋有连接、固定的作用，肌肉让筋骨成为整体。筋骨肉健康，就是中医所说的"骨正筋柔"。但是由于不良的生活方式和情绪问题，骨不正，筋出槽，肌肉粘连，体态自然就会出现问题，正如《素问·生气通天论》中所说，"阳气者，精则养神，柔则养筋"。

什么是好体态

从肌肉动力学来讲，最佳的生理状态下维持平衡站姿，需要最少肌肉能量的体态就是标准体态。从人体解剖角度而言，良好的体态是有一个可视化标准的。

绿色的是正确的站姿和坐姿

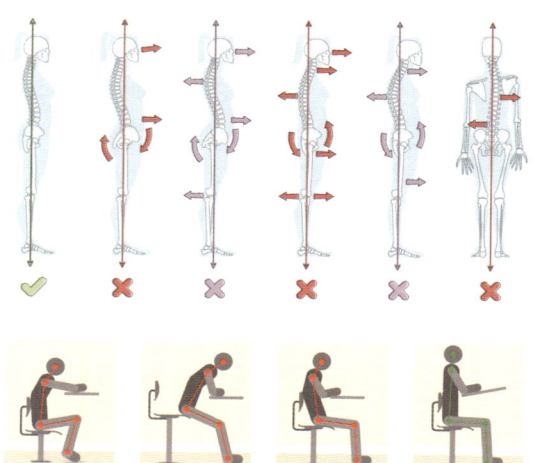

✿ 评估自己的体态

我们评估一个人的体态，一般是站姿下进行评估分析。站立时一方面人体的骨骼之间像堆积木一样，另一方面也需要肌肉对抗重力，以保证人能站立。体态评估会从矢状面（左右）、水平面（旋转）、额状面（前后）几个面出发，除此以外，我们还需要去评估一个人的精神状态、呼吸模式，动作习惯、饮食等综合因素。

考虑到自我评估的片面性以及个人自我训练能力，我们在这里只做侧面和背面评估，太复杂的问题不建议自行练习，需要寻求专业的老师或医生帮助。

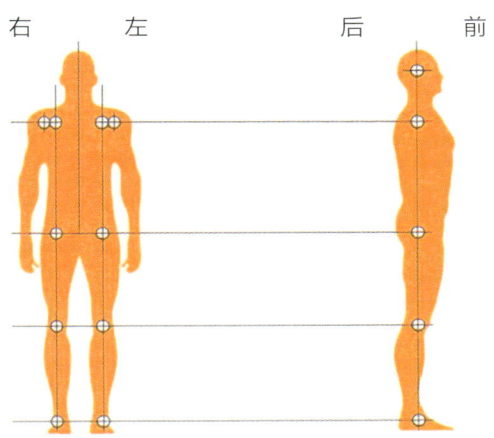

拍照：如果通过镜子自己去观察，容易因为一个动作导致常规体态出现变化，所以我们可以拍一个侧面和背面的照片，能比较准确地看到自己的体态。

背面观：脚踝、膝窝、坐骨、肩胛骨都是相对对称的，不会出现比较明显的高低或左右不对称的情况。

侧面观：耳朵尖、肩峰、股骨头、膝盖侧方正中点、脚踝为垂直的一条线，不会出现比较明显的左右超出垂直线的状态。

❀ 练习公式

上部练习的21天，着力于每天解决一个常见体态问题，内容由第2章到第5章组成。

练习公式 = 筋膜松解 + 体态呼吸 + 万能体式1–5（以实际练习删减，如胸椎变直不加万能体式2）+ Day1单动作 + 情绪支持 + 日常站姿和坐姿保持

该公式的运用会在每一章的跟练中呈现。

下部练习的21天，是根据《奥义书》中的粗身阶段目标，选用《瑜伽之光》中瑜伽体式部分第一周和第二周的练习序列。内容由第6章和第7章组成。

练习瑜伽时，我们会探索内心专注的不同层次。当我们关注运动本身，比如发力与放松的平衡时，我们就在训练神经系统的同时提高了内心保持专注的能力。让良好的体态在持续的练习中形成自然的状态。更进一步，我们会关注呼吸控制、收束、清洁法、饮食和休息的内容，通过规律地练习，我们会更了解自己的内心，了解自己的意志力，发现自身消极或积极的心理模式，甚至能消除那些消极的心理模式。规律的体式练习对心灵的影响是巨大的，可以使体态和内心得到系统性训练，进而使得神经系统更受控制。本部分内容着力于建立身心整体疗愈与身心探索能力，受益终生。

练习公式：Day1单动作 + 呼吸控制法 + 唱诵 + 冥想 + 日常站姿和坐姿

该公式的运用会在每一章的跟练中呈现。

每天仅需要准备很短时间的暗示和冥想练习（站桩也有同样的效果，如果时间允许可以早上站桩，下午或则晚上冥想），前期阶段先培养出良好的习惯，会对我们的日常生活具有深远的影响。在练习方面，虽然有针对性练习部分，但是人体的整体性是根本，请按照顺序进行，建议不要跳着或者乱序，会导致后续效果欠佳。

如果你能够坚持第一个上部的21天，就会发现体态和情绪都

有很明显的改善；练习下部的21天帮你培养探索传统瑜伽的兴趣，巩固更持久的效果，提升身心素质，无论是哪个阶段，持续的练习很重要。在日常活动中，我们无意识地依赖体内的神经系统与肌肉系统的协同工作，这种频繁的协同作用会促使一种称为"易化通路"神经系统通路的形成。这些通路使原本需要意识参与的肌肉活动逐渐转变为无意识的行为，不再需要大脑的直接介入。信息只需传至脊髓，然后经其传递即可完成整个流程。人的一生中，通过各种各样的活动会建立起众多的"易化通路"。其中，有些通路是我们有意识地选择构建，而有些则是在相对无意识的过程中逐渐形成的。这些通路可能涉及身体层面，如运动习惯，可能涉及情感层面如情绪反应；还可能涉及能量层面如能量流动。无论哪一类易化通路，都可以通过观察我们的动作模式来识别。同时，我们采取的每一个体式都会引导新的易化通路的产生。对于神经系统来说，面对重复输入的信息，它会形成一种"自动"反应机制。因此，通过培养良好的体态习惯，我们可以使神经系统自动维持良好的体态，从而更轻松地应对日常生活和工作中的挑战。

❀ 体态呼吸和万能体式1-5的练习方法

✿ 调整体态的呼吸—逆腹式呼吸

逆腹式呼吸，作为一种独特的呼吸技巧，其核心原理在于通过调控腹部肌肉的运动，实现深度呼吸的效果。具体来说，在吸气过程中，腹部肌肉会轻微收缩，导致腹部呈现出回缩或稍内凹的状态；在呼气阶段，腹部肌肉则逐渐放松，使得腹部重新鼓起。

这种呼吸方式的一大优势在于，它能够帮助人体相对吸入更多的氧气，从而增强对氧气的利用效率。通过逆腹式呼吸，不仅可以强化呼吸功能，还能进一步改善肺脏和心脏功能。需要强调的是，逆腹式呼吸并不适宜长期持续进行。如果全天候采用此种呼吸方式，可能会形成惯性，干扰正常的呼吸模式，甚至可能引发注意力不集中、神经系统功能紊乱等一系列问题。因此，仅在特定的训练时段，采用逆腹式呼吸。而在其余时间，应恢复至自然的腹式呼吸，以保持呼吸系统的正常运作和身体的平衡状态。通过合理、适度地运用逆腹式呼吸，我们可以更好地利用其优势，同时避免潜在的负面影响。

❋ **练习节点**

每次训练之前。如果你某天的训练时间非常紧张，并且场地受限，可以站着或坐着以良好体态进行训练。

❋ **动作分解**

仰卧位，调整颅腔、胸腔和盆腔到对位的状态。这个时候会有正常的腰曲（可以塞四个手指的第一指节）和颈曲。吸气时，胸腔饱满，腹部自然放松。呼气时，腹部饱满，胸腔自然放松。每组 30 个呼吸，练习 4~5 组。

吸气

呼气

扫二维码看讲解

❋ **万能动作 1——单腿平衡 A/B**

❋ **练习节点**

Day2-Day5 单体式练习后

❋ 动作目的

能够训练平衡感，并且对整个足部功能、腿型以及髋关节区域问题的改善都有帮助。当 A 动作可以保持稳定后，再进阶到 B 动作练习。

❋ A 动作分解

双腿站稳后，直接抬起左腿，保持右腿单腿支撑 1 分钟，尽量稳定不要有晃动。然后换反侧练习。

扫二维码看讲解

❋ B 动作分解

用手臂晃动做为支撑腿的干扰，稳定以后可以加入抬起腿的晃动作为支撑腿的干扰。不局限手脚的干扰动作，主要目的是让支撑腿保持稳定，1 分钟后，换反侧练习。

扫二维码看讲解

❖ 万能动作 2——坐立抬腿

❖ 练习节点

Day6、Day8-Day14 单体式练习后

❖ 动作目的

大部分女性的髂腰肌都是无力的，而骨盆前倾、前移或后倾又会加重拉长或缩短无力肌肉的状态。无论什么情况，最后都需要建立髂腰肌的力量。

❖ 动作分解

1. 坐在椅子靠前的位置，保持 4 个生理曲度正常。腰部和腹部彼此靠近，稳定骨盆。

2. 将右手掌卡在右侧腹股沟处，保持骨盆稳定的同时，抬右腿向上挤压手掌后，向下落一半，不要完全落在地上，再继续上抬、落一半。重复练习 1 分钟，然后换腿练习。

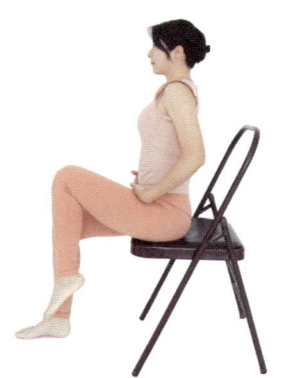

扫二维码看讲解

❈ 万能动作3——脊柱的三维流动

❈ 练习节点

Day8-Day21 单体式练习前

❈ 动作目的

身体从骨盆向上的所有问题都与脊柱的四个生理曲度及前屈、后伸、侧屈、旋转、环转能力息息相关，这个动作涵盖了上述所有功能的训练，还能改善骨盆前后上下不平衡的状态。

❈ 动作分解

四足位准备，呼气，将左臀送向左脚跟的方向，再平移到右脚。吸气，转腰、转胸、转头向右侧天花板的方向，最后再回到四足弓背的位置。练习10次后，换反方向。

扫二维码看讲解

❈ 万能动作4——动态弓步

❈ 练习节点

Day8-Day21 单体式练习后

❈ 动作目的

骨盆前后平衡的调整，能改善骨盆前倾或后倾。

❋ 动作分解

前后打开双腿的距离，以骨盆可以摆正为参考。双脚脚尖都可以朝向正前方，也可以右脚向外 45°。吸气，胸腔向上时，骨盆向下沉，再屈膝。呼气，左脚蹬地回到起始位。单侧每组 10 次，做 3 组，换反方向练习。

❋ 常见错误

骨盆在动态中无法摆正以及后腿无力。

❋ 调整方法

缩短双腿打开的距离或是双脚尖都朝前。

扫二维码看讲解

❋ 万能动作5——弓步后伸式和弓步前屈式

A 弓步后伸式

❋ 练习节点

Day17-Day18 单体式练习后

❋ 动作目的

弓步后屈式适合含胸驼背的人群练习。

❋ 动作分解

前后打开双腿的距离，以骨盆可以摆正为参考。吸气时，双手带动骨盆向上提胸腔，同时沉髋屈膝。注意膝盖和骨盆正对前方。呼气时，蹬直腿回正，重复10次，换反方向练习。

扫二维码看讲解

常见错误和调整同万能动作4。

B 弓步前屈式

❋ 练习节点

Day19-Day21 单体式练习后

❋ 动作目的

弓步前屈式适合胸曲变直的人群练习。

❋ 动作分解

前后打开双腿的距离，以骨盆可以摆正为参考。吸气时，手向前，弓背微仰头，同时沉髋屈膝，后腿有力支撑。注意膝盖、骨盆正对前方。呼气时，蹬直腿回正，重复10个，换反方向练习。

❋ 常见错误

头前引，锁骨没有展开与向后的胸椎对抗，导致过度弓背。脚的摆放位置导致骨盆不正。

❋ 调整方法

后脚调整正对前方，骨盆摆正。向后弓背的时候保持锁骨展开对抗，不过度弓背，后脑勺向后顶，微抬下巴，保持颈部曲度。

扫二维码看讲解

第三章　打造好看的腿型

✿ Day1　认识根基以及足底筋膜

❋ 认识根基

我们的足部共有 26 块骨头和 32 个关节，而整个下肢一共才有 30 块骨头和 37 个关节。足不仅支撑身体重量，还具备其他多重功能，足的适应性主要体现在两个方面：（1）足部可以分散体重；（2）足部可以适应其下方地形变化。足是稳定并且受力均匀，保持良好体态的根本。我们在站立、行走的时候都需要去感受这

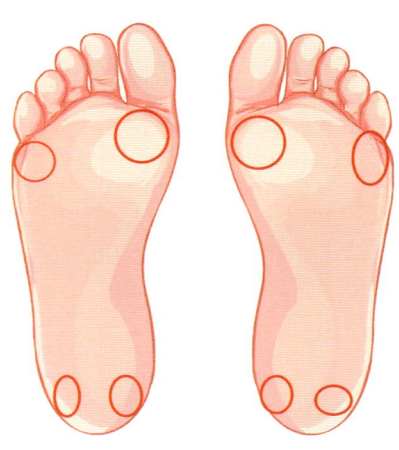

足底 8 个点

八个点是均匀受力的，它们分别是大脚枕、小脚枕和足跟两侧。

当这个八个点的力量长期不均衡时会有如下弊端：

1. 长期足内侧受力，容易导致 X 形腿的发生。
2. 长期足外侧受力，容易导致 O 形腿的发生。
3. 导致半月板不同程度的磨损。
4. 左右两足受力不均等，易导致骨盆倾斜或旋转。
5. 易导致整条脊柱的侧屈或旋转变形。

✽ 足底筋膜释放

足底有一些非常重要的结缔组织，即"足底筋膜"。足底是我们行走时与地面的接触面。每走一步，我们的体重所产生的力都要经过足纵弓的传递，拉长我们的脚。足底的结缔组织会在脚下方产生额外的张力，以抵抗跟部与趾基部之间的伸展作用。这些组织和它们所产生的张力有助于维持脚两端之间的距离。它们还可以通过拉近足弓两段来抬升足弓。现在的人长期体态不佳，导致后表链过度拉长、紧张且无力。想要高效的训练好体态，需要从释放足底筋膜开始，如果足底筋膜紧张，会导致整个足部的灵活度、稳定性和后表链出现问题，直接影响到体态。

后表链连接着足底筋膜、跟腱、腓肠肌、腘绳肌、骶结节韧带、竖脊肌、帽状腱膜。

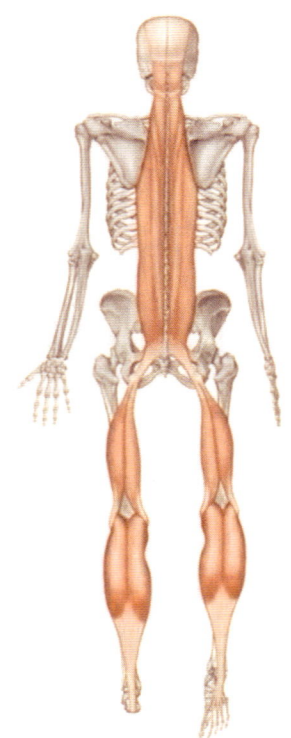

后表链

✽ 练习思路

充分松解足底筋膜，并训练单腿的平衡感。

❋ 筋膜松解

初学者可以手撑住墙进行练习,让双脚动态踩狼牙棒,依次从脚跟、足弓到脚掌,脚掌处踩踏时翘起脚指头。每一处踩5-6次即可。

扫二维码看讲解

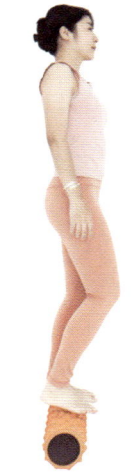

❋ 情绪支持

震动心轮的OM唱诵10次

跪姿位做准备,让双手胸前合十,掌根轻触胸口(心轮)。唱诵时,张"啊"的口型,发"O"的声音,闭口发"M"的声音。呼气有多长唱诵就多长,不要刻意延长唱诵时间。深吸气以后,呼气开始唱诵,唱诵时专注地去感受心轮的振动。

扫二维码看讲解

❋ 练习组合

筋膜松解+体态呼吸(P22)+万能动作1(P23)+情绪支持

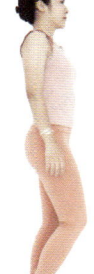

❀ Day2 认识𝇊外翻和扁平足

𝇊外翻是一种大脚趾的关节囊被牵拉,𝇊趾骨和第一跖骨关节倾斜超过 15°的情况。其表现是大脚趾内侧形成大的凸起,同时末端向外偏斜。

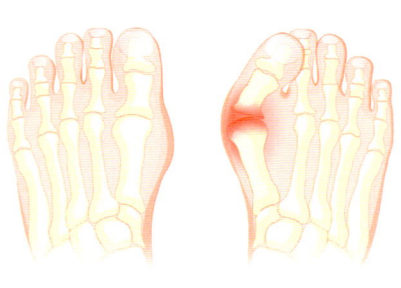

正常　　　　　𝇊指外翻

𝇊外翻的形成与遗传因素有关。但关节和结缔组织较松弛的人更容易发生𝇊外翻,还受骨性、肌力减退、各种炎症等的影响。研究发现,女性与男性患有𝇊外翻的比例是 15∶1,这是因为女性穿尖头鞋或高跟鞋导致的。𝇊外翻有许多治疗方法,其中一些治疗方法的创伤性较大。与大多数疾病一样,越早干预,越能减缓病情发展,效果也越好。当大脚趾受到压力导致骨骼位置不正时，软骨就会受到磨损，这些会导致肿胀、发炎和疼痛，但是没有单一的解决方案能够解决所有问题。大部分患者发现，尽可能保持关节处于活动状态对跚外翻是有帮助的。每天做一些运动，不做继续恶化病情的事（比如穿高跟鞋和挤脚趾的鞋）也可以缓解跚外翻继续发展。

扁平足是一种常见的足部结构异常，其中最为明显的缺失是内侧纵弓，而外侧纵弓和横弓也同样受到影响。足弓作为足部的重要结构，对于支撑人体行走时的重量和应力起着至关重要的作用。由于我们进化为直立行走的动物，足部结构发生了适应性变化，其中足弓的形成是关键。在行走时，体重施加到脚上，力会沿着足部的三菱锥结构分散。大约一半的力分布到脚跟，另一半则分布到前脚掌。这些力进一步通过内侧纵弓和外侧纵弓纵向传递，使脚变长；同时，通过横弓横向传递，使脚变宽。这种力的分散和传递机制，确保了足部在承受重量时能够保持平衡和稳定。足弓的构成包括骨骼、结缔组织和肌肉。其中，足骨的形状首先决定了足弓的基础结构，而足骨的构造又是遗传决定的。这26块足骨像相互咬合的零件一样组装在一起，彼此在运动时会相互作用。然而，有时遗传编码可能不完美，导致骨骼构造不理想，这也是扁平足发生的原因之一。

除了骨骼，结缔组织也是形成足弓的重要组成部分。大量的小型韧带将足骨连接在一起，为足部提供了回弹、灵活和动态的张力。这些韧带使足部能够舒展并进行适应性动作，同时也是维持足骨中立位的重要结构。但如果韧带天生松弛，足部在承重时就容易失去应有的支撑，导致足弓塌陷，形成扁平足。肌肉是足弓的第三个组成部分，它们能够维持一定程度的张力，与足部的稳定性密切相关。控制足部运动的肌肉部分起自足骨，剩余部分起自胫骨和腓骨。这些肌肉协同工作，共同维持足弓的形态和功能。足弓的存在对我们的行走能力具有至关重要作用。它能够冲抵行走时的冲击力，减轻膝关节、髋关节和脊柱的负担。然而，当足弓缺失或塌陷时，脚部就失去了迈步时的弹性，无法有效地缓冲冲击力。这会导致冲击力向上传递，可能引发一系列与足部相距甚远的身体问题。

此外，扁平足还会影响体态。当足弓塌陷时，可能会出现胫骨扭转、膝关节内旋等问题，进一步影响髋关节和骨盆的位置。这种体态异常不仅影响外观，还可能导致身体受力不均，稳定性下降，减震功能减弱。针对由足部肌力减退导致的扁平足情况，我们可以通过特定的练习来加强足部肌肉的训练，从而帮助重建足弓。同时，瑜伽中的会阴收束法和收腹收束法等概念也可以应用于足部训练，通过调节身体的能量特性来改善扁平足问题。总之，扁平足是一种复杂的足部结构异常，其成因可能涉及遗传、韧带松弛和肌肉功能减退等多个方面。通过加强足部肌肉的训练和调整身体能量特性，我们可以有效地改善因肌肉功能导致的扁平足问题，提升行走能力和体态稳定性。

在情绪方面，因塌陷的足弓没有足够稳定性，从而引起内心稳定力量不足影响情绪的稳定。

先天的足弓塌陷无法通过本书方法解决。

先天足弓塌陷评估：在站姿位，翘脚趾时塌陷的足弓无法达到正常足弓的状态。

后天足弓塌陷或高足弓评估：脚在站着负重的状态下，足弓处能塞下1横指是正常足弓，超过1个半或2横指是高足弓，没有则为扁平足。

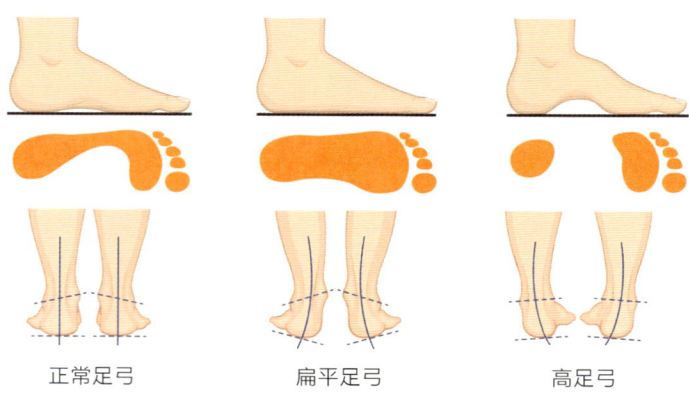

正常足弓　　　　　扁平足弓　　　　　高足弓

❋ 练习思路

扁平足训练启动横足弓和纵向足弓，训练足底肌肉力量和稳定性。踇外翻训练步态时力量能够从脚跟滚动到大脚趾球。

❋ 筋膜松解

内容同 Day1（P31）

❋ 单动作练习 1：展抬脚趾

站姿位，抬起脚指头并且展开。

扫二维码看讲解

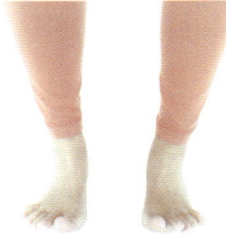

❋ 单动作练习 2：步态

走路的时候，让力从脚跟到前脚掌内侧压下去，再压住大脚趾。脚跟位置可以中正或偏外一点。

扫二维码看讲解

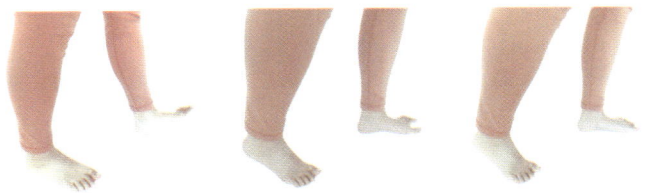

❋ 情绪支持

10 次左右经络清洁法以及 10 次震动心轮的 OM 唱诵。

❋ 左右经络清洁法

跪姿位做准备，将右手的食指和中指卷曲卡在大鱼际处，其余手指放松。让右手大拇指放在鼻翼上方位置，左鼻孔吸气。再用无名指按住左鼻孔，让右鼻孔呼气，再吸气。换大拇指按住右鼻孔，以左鼻孔呼气结束为 1 组。重复练习 10 组。

❋ 常见错误

手指只需轻轻放在鼻孔靠上位置，阻隔一下呼吸通道。并不需要用手指将鼻孔推歪，影响能量平衡练习。

扫二维码看讲解

❋ OM 唱诵（P31）

请正向暗示自己——通过日积月累的沉淀，我终将会变成一个内心很有力量的人。

❋ 练习组合

筋膜松解 + 体态呼吸（P22）+ 单动作 1 和 2 + 万能动作 1（P23）+ 情绪支持

第三章·打造好看的腿型

❀ Day3　认识足背屈

　　踝关节可以做四种运动：伸展（跖屈）、屈曲（背屈）、内翻（旋后）和外翻（旋前）。足背屈是足部向小腿的前方完成的活动，小腿前区的肌肉附着于足背的多个位置。这里有块重要的前屈肌肉——胫骨前肌，它是最强壮的足部屈肌（足背屈肌）和足内翻肌。胫骨前肌的近端附着于胫骨外侧，覆盖着胫骨三分之二的部分。其远端附着在第一楔骨和第一跖骨基底部，也可以说它附着在足弓的最高处。足背屈正常情况下能够弯曲45°左右，当足背屈受限严重时，会导致步态变化，行走困难，引起疼痛，局部肌肉萎缩，从而使体态受到极大的影响。

　　评估方法：身体侧面对着镜子，在坐姿位中做背屈运动，从镜子中观察是否能够到45°，不足则需要进行针对性训练。

❀ 练习思路

保持足踝正位的同时训练足背屈和脚踝灵活稳定的能力。

❀ 筋膜松解

内容同Day1（P31）

❀ 单动作练习：套伸展带，立落脚跟

用伸展带绑住双腿膝盖靠下的位置和脚踝上方。手撑在地上，

让脚跟离地至最高位置,再缓慢地控制着脚跟落地,注意稳定。30 个 / 组,做 3 组。

扫二维码看讲解

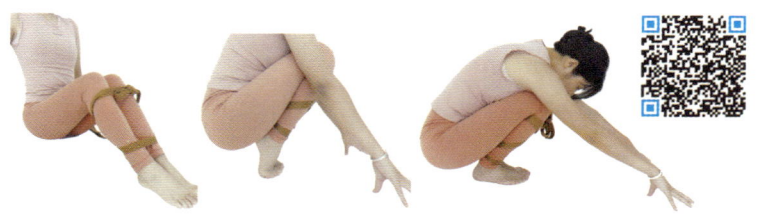

✿ **情绪支持**

冥想

扫二维码看讲解

✿ **练习组合**

筋膜松解 + 体态呼吸(P22)+ 单动作 + 万能动作 1(P23)+ 情绪支持。

第三章·打造好看的腿型

✿ Day4 X 或 O 形腿调整

通常男性的 O 形腿会多一些，女性 X 型腿会多一些，这与人体结构本身有一定关系，女性骨盆更宽，股四头肌与垂直线的夹角会更大，每次走路负重时，更容易让膝盖内扣。久而久之可能导致骨骼轴线的变化，形成 X 形腿。除了骨盆宽度的原因之外，还有一个原因就是习惯礼仪对男女的要求不一样，女性需双膝并拢，从而加剧 X 形腿的形成。O 形腿、X 形腿基本上分为结构性、功能性两种。但在日常生活中以结构性为主，即以骨头有变化的

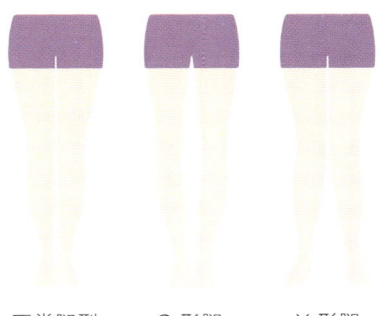

正常腿型　　O 形腿　　X 形腿

情况为主。如果是因为骨骼变形明显,进行体态调整改善效果不明显。仅有些特定的类型,还是有改善的空间。

如果一个人有 O 形腿,还有超伸及内旋情况,微屈膝或大腿外旋都会让腿型改善。X 形腿如果是因为骨骼结构,只有单纯向内侧内扣,改善幅度并不会很大,如果是功能性 X 形腿,站立时由于踝髋的动作导致膝关节向中间内扣,是有一定的改善效果。

❋ 练习思路

O 形腿需要建立大腿外旋能力。X 形腿先看足弓是否塌陷,足弓恢复正常之后再建立大腿外旋能力。

❋ 筋膜松解

小腿放松:将狼牙棒放在小腿处,前后滚动,转小腿向外、向内滚动,单腿各来回滚动 5~8 次。

大腿放松:将狼牙棒放在大腿下方,侧方,前方和内侧各来回滚动 5~8 次。

扫二维码看讲解

❉ O 型腿单动作：并腿弹力带蹲起

双腿并拢，套上弹力带做蹲起。30/ 组，做 3 组。

❉ 常见错误

屈膝和伸膝的时候，膝盖分开。

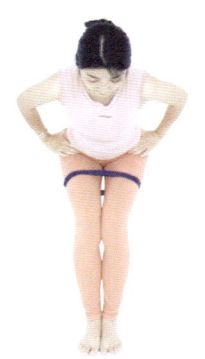

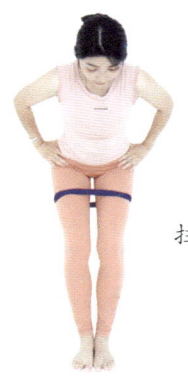

扫二维码看讲解

❉ X 型腿单动作：分腿弹力带蹲起

下蹲到膝盖打开难度较大时站立，再继续下蹲。10 个 / 组，做 3 组。

❉ 常见错误

膝盖内扣或外展太多。

扫二维码看讲解

❋ **情绪支持**

冥想（P38）

❋ **动作组合**

筋膜松解 + 体态呼吸（P22）+ 单动作 + 万能动作 1（P23）+ 情绪支持

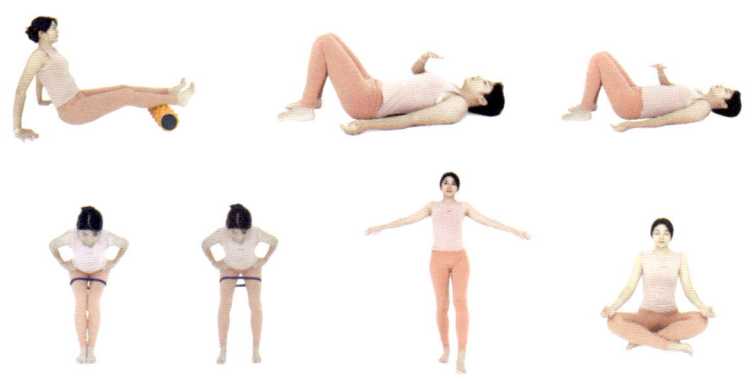

✿ Day5　躲开练习导致屁股疼的陷阱

　　腘绳肌的拉丁名"ischiotibialisgroup"可以译为"坐胫肌群"，该名称完美地体现出这一肌群附着于坐骨和胫骨的特点。腘绳肌是双关节肌，因此一个关节的姿势会影响肌肉的张力，进而影响肌肉另一端所跨过的关节。腘绳肌中股二头肌近端附着于坐骨（坐骨结节），远端与这一肌群中的另外两块肌肉（半腱肌、半膜肌）一起跨过膝关节。半膜肌和半腱肌附着于膝关节内侧，股二头肌附着于膝关节外侧、腓骨的顶端。腘绳肌有两项主要功能：一是通过将腿部向后牵拉来伸展髋关节，二是可以使膝关节屈曲。最常受到腘绳肌约束的当然是前屈体式。在前屈体式中能看出双关节肌的特性。当我们在前屈中屈膝时，可以看出，通过改变一个关节（膝关节）处的张力，另一个关节（髋关节）获得了更大的自由度。腘绳肌还会限制我们将骨盆移至前倾位，让骨盆发生后倾，并且腰部拱起。很多瑜伽练习者在前屈类体式中，为了让前屈更深入，过分拉伸腘绳肌，容易拉伤腘绳肌从而引起臀部疼痛。实际上，前屈体式能否更深入，腘绳肌的条件只是一部分，不要过分拉伸。

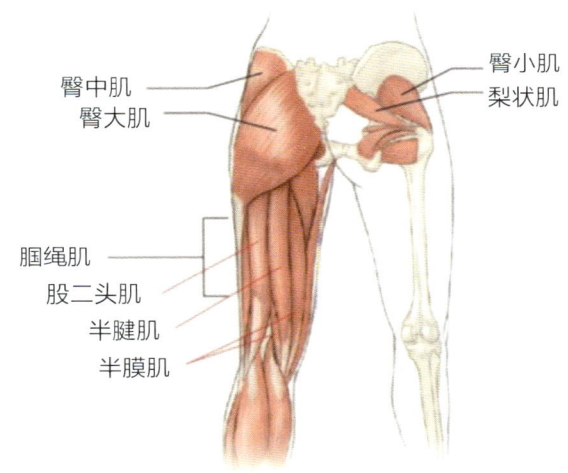

腘绳肌的评估：仰卧位，直腿抬高接近 90°，评估腘绳肌的紧张程度。

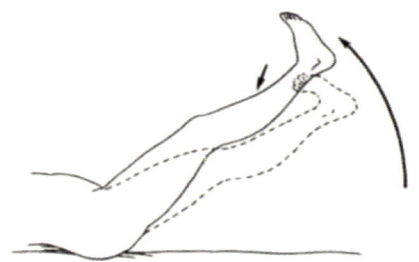

✱ 练习思路

循序渐进地拉伸腘绳肌，避免过度引起臀部疼痛。

❋ 筋膜松解

小腿放松：将狼牙棒放在小腿处，前后滚动，转小腿向外、向内滚动，单腿各来回滚动 5~8 次。

大腿放松：将狼牙棒放在大腿下方、侧方、前方和内侧各来回滚动 5~8 次。

扫二维码看讲解

❋ 单动作练习：锚式

脚跟立起来的跪姿位准备，让左脚向前迈，骨盆摆正并垂直于膝盖。在腘绳肌有拉伸感的位置停下来，保持 5~8 个呼吸，双手撑地回正，换反方向练习。重复 3 组。

❈ 常见错误

臀没有到膝盖上方,骨盆不正导致身体向外或者向内。

扫二维码看讲解

❈ 情绪支持

练习1:震动心轮 OM 唱诵(P31)10 次。

练习2:请正向暗示自己——我接纳自己的无能为力,我只专注地做好眼下可以做好的每一件事,这会让生活倾向于更好的状态。

❈ 练习组合

筋膜松解 + 体态呼吸(P22)+ 单动作 + 万能动作 1(P23)+ 情绪支持

Day6 "刀削"大象腿

股四头肌位于大腿前侧,这个肌群中的四块肌肉远端都附着于相同的位置,即髌骨下方的胫骨粗隆处,但它们的近端并不附着在同一位置上。股内侧肌、股外侧肌和股中间肌附着于股骨上,它们的功能是伸膝。股直肌的近端附着在骨盆前侧的髂前下棘小隆处。股直肌不仅能像前三块肌肉那样使膝关节产生运动,而且还能使髋关节产生运动,另外它还能拉动骨盆使之前倾。股直肌是一块双关节肌,它跨过了膝关节和髋关节。对双关节肌而言,一个关节的姿势会影响肌肉张力的大小,从而影响另一个关节活动能力。

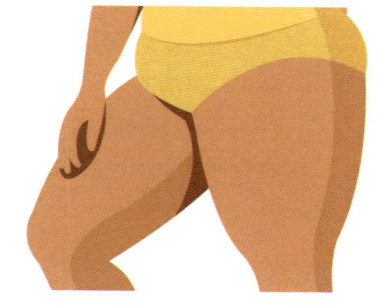

大腿前侧粗壮的原因常见的有几种:肌肉发达、脂肪堆积、骨盆前倾、久坐不动、内分泌失调、骨骼排列不正位。我们在这里改善的是因为下腹部核心力量和髂腰肌力量不足导致的大腿前侧粗壮问题,骨骼排列不正位引起的体态问题会在日常站姿训练中进行改善。

❋ **练习思路**

建立下腹部核心和髂腰肌力量

❋ **筋膜松解**

将泡沫轴放在身体前侧,收紧腹肌俯卧上去,上下滚动5~8次。

扫二维码看讲解

❋ **单动作练习：腹部弹性呼吸**

屈膝仰卧位，保持正常的生理曲度。双手放到腰两侧，感受肌肉的柔软。吸气时，用腹肌向两侧将双手顶开，呼气时，保持顶住手的力向内收缩。15 个呼吸 / 组，做 3 组。

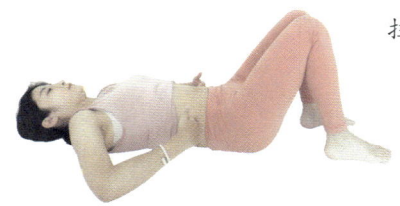

扫二维码看讲解

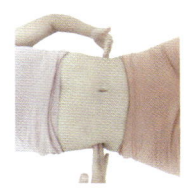

❋ **情绪支持**

冥想（P38）

❋ **练习组合**

筋膜松解 + 单动作 + 万能动作 2（P24）+ 情绪支持

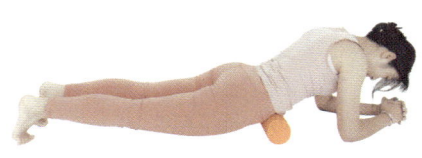
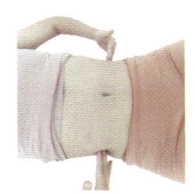
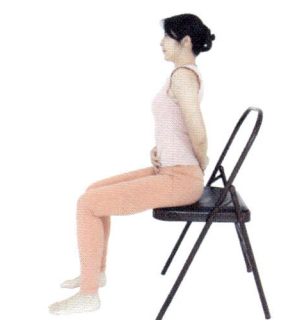

Day7　日常站姿训练

如果我们自然站立，双脚稍微分开，不论我们是否站直，重力都会沿着一条直线穿过我们。如果我们的体态较为端正，那么在那条重力线穿过身体的同时，身体的张力结构几乎不会要求我们进行调整和代偿。当我们的体态偏离端正的体态越多，体内就会有越来越多的组织进行调整，以使身体相对于重力线保持竖直。长此以往，那些未能处于正确位置的组织所产生的张力就会导致慢性疼痛。

在这个练习中，无论坐姿还是站姿，也不用去想自己是骨盆前倾还是后倾的问题，只需要记住三个关键词语：根基、三腔对位和胸腹式呼吸。

1.站立的根基是双脚足底的6或者8个点均匀受力（参考前文的根基）。大腿肌肉上提，膝盖对着第二、第三趾，去感受地面反作用力将身体撑起来的感觉。

2.三个腔体分别是盆腔、胸腔和颅腔，以骨盆为标准，胸腔和颅腔要和它在一条垂直轴上。当我们根基稳定，受力均匀，三腔对位时，是最省力、呼吸最通畅以及体态极佳、不容易四处堆积多余脂肪的状态。

3.保持胸式和腹式呼吸结合的呼吸状态

❋ 练习思路

双脚均匀受力，膝盖对着第二、第三趾，双脚向下踩，用地面的反作用力将顺位的身体撑起来，吸气时，由腹部启动，尽量慢和深长地吸气，想象尾骨带着骨盆下坠，拉长腰椎，当你继续吸气时会感受到后背被撑开，然后保持三腔对位状态下持续平缓地呼气。

❋ 动作分解

双脚内侧彼此靠拢，重心均等。微屈膝，膝盖靠近的同时尝试垂直第二、第三趾。骨盆正对前方，胸口上提，不要向前推胸，锁骨微展开，眼睛固定凝视前方。

扫二维码看讲解

❋ 情绪支持

冥想（P38）

❋ 练习组合

体态呼吸（P22）+ 万能动作4（P25）+ 情绪支持

第四章　塑造美臀

Day8　认识骨盆

　　骨盆是人体骨骼系统的一部分，位于腰部以下，由四块骨头组成，包括左右两髋骨、尾骨和骶骨。在拉丁语中，"pelvis"（骨盆）表示"盆"或者"大碗"，这也形象地表现了骨盆的形状。骨盆位于身体的正中央，是身体的运动中心，也是我们应对重力作用的关键部位。骨盆不仅支撑着身体的重量，还连接着下肢和躯干，承受着身体的重心和外部冲击力。除了解剖学上的中心性以外，瑜伽哲学也强调骨盆的重要性。收束法和主要的能量经络都聚集于这一区域。骨盆的形状和大小因人而异，男女有别，女性的骨盆比男性宽，以适应分娩的需要。骨盆通过髋关节连接着人体的下半身，与下半身的活动关系密切，起到承上启下的作用。

　　如果骨盆不正，会影响到脊柱的受力，造成椎间盘突出等疾病。此外，骨盆受伤或存在疾病会影响到人体正常的运动和排泄功能，例如骨盆骨折、盆腔炎症等都会给患者带来严重的身体不适。因此，保护骨盆的健康非常重要，尤其是女性，以免因为分娩、月经、性生活等原因引起骨盆疾病。此外，长期久坐、过度运动等不良生活习惯也会对骨盆造成负面影响。

　　如果一个人腰酸、腰骶部僵硬，这可能是肾虚的表现。从中医角度看，肾是生命的根本，代表人的生命力。惊恐伤肾，如果肾虚，在情绪方面，会觉得没有能力承担事情，有生存焦虑。很多人经历过恐惧事件，尤其是童年时期。如果没有得到疏导，将会滞留体内，使骶骨存在无意识地恐惧。

❋ 练习思路

　　保持骨盆的正位，需要拉伸和强化周围主要肌群的力量，维持稳定和灵活。考虑到不同形态骨盆的训练方式不一样,在这里我们主要做骨盆周围肌肉的松解与控制性训练,后续有针对性训练。

❋ 筋膜松解

将泡沫轴放在腰部下方,抬起臀部,手肘支撑,上下滚动腰部 5~8 次,再转身,前后滚动腰方肌 5~8 次后,换反方向。

扫二维码看讲解

❋ 单动作练习:骨盆画圈

四足位做准备,手在肩的正下方,膝在臀的正下方,脚尖点地,头向前拔。以尾骨为圆点,让骨盆画圈。依次从右上侧、右下侧、下侧中间、左下侧、左上侧,回到中间。

❋ 常见错误

身体向后坐或向前冲和弓背。

扫二维码看讲解

✿ 情绪支持

练习1：进行10次左右经络清洁法（P35）以及10次震动心轮的OM唱诵（P31）。

练习2：请进行正向暗示——把手放在骶骨区域，告诉自己，无论我走到哪里，父母都是爱我的。

✿ 练习组合

筋膜松解+体态呼吸（P22）+单动作+万能动作3、4、2（P24-25）+情绪支持

Day9　瘦腹的呼吸

腹腔前部的肌肉是腹肌，腹肌分为三层，最外层是腹斜肌，位于腹内斜肌之上，这两层肌肉下面是腹横肌。这三层肌肉呈束带状覆盖在腹部的外侧，并在身体前侧与腹直肌相连。从整体上讲，腹肌沿胸廓底部走行，并通过胸腰筋膜与后方的腰椎横突相连。它们下行至骨盆顶部，沿着髂嵴走行并最终与腹股沟韧带相连。腹肌构成了腹腔的前壁和外侧壁，另外由于其附着的位置，它们还与情感的稳定性和运动相关，能起到稳定和带动脊柱的作用。腹肌的三层肌肉都能将肋骨向下拉向耻骨，从而帮助脊柱屈曲。腹内、外斜肌位于身体侧面，能协助把肋骨从侧面拉向骨盆（即脊柱侧屈）。腹内、外斜肌的肌纤维走向能使其帮助脊柱旋转、抵抗脊柱的伸展及限制脊柱的侧屈和旋转。腹肌能使骨盆产生运动，维持骨盆与脊柱的相对位置。腹肌作为辅助呼吸肌，在呼吸过程中扮演着重要角色。在这里需要注意一块重要的呼吸肌——膈肌。膈肌的运动能力很大程度从内在决定了体态。腹部大除了肌肉的问题，还有骨盆上口的打开，内脏下垂等原因。腹部是需要保持柔软有弹性的状态，过分的练习腹部会压迫内脏，影响正常的腹压，也会带来盆底松弛等问题。

在情绪方面，从中医角度来看，脾主运化，脾虚的时候，运化变弱，就会让水谷精微储存在脾区，也就是腹部区域，导致腹部变大。脾藏意，若思虑过度，则伤脾。脾虚之人想尽量避免所有的危险、失败，多思多虑，常感到不安全，想把事情做到十全十美，长期被忽略或者自我忽略，积压了很多委屈的情绪。从神经学角度来看，腹部拥有五亿多个神经细胞，堪称为"第二大脑"，对情绪的感知敏感，容易导致情绪大量堆积在此。

✿ 练习思路

恢复和加强膈肌的呼吸能力以及强化消化系统。

❀ 筋膜松解

将泡沫轴放在身体前侧,收紧腹肌俯卧上去,上下滚动5~8次。

扫二维码看讲解

❀ 单动作练习1:骶骨式呼吸法

吸气到骶骨,感受骶骨饱满,骶尾骨内收。

扫二维码看讲解

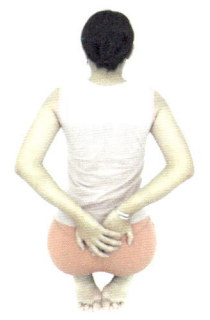

❀ 单动作练习2:收腹收束法(避开生理期孕期)

禁忌:高血压、心脏病、腹部炎症、术后(正常6个月后可以)、疝气禁止练习。

呼气时,屈髋向下的同时,双手滑向膝盖做支撑。气呼尽以后,将腹肌向内向上提,腹部出现凹坑,这是收腹收束。如果感觉难受可以直接吸气站起来。

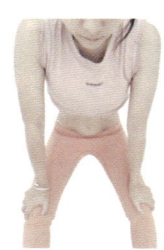

在收腹收束法的基础上，气呼尽后继续屏息，让腹部从凹陷中推出来，腹部凸起，再收，再推，反复练习到觉得需要吸气时，就吸气站起来，结束 1 组。做 3~5 组。

扫二维码看讲解

练习 2：请深深地呼吸，抱抱自己。对自己说，我爱你，从今天开始，我允许你为自己活着，我开始关心自己，把自己放在最重要的位置，并且学会向他人表达委屈的情绪。

❈ 动作组合

筋膜松解 + 单动作 + 万能动作 3、4、2（P24-25）+ 情绪支持

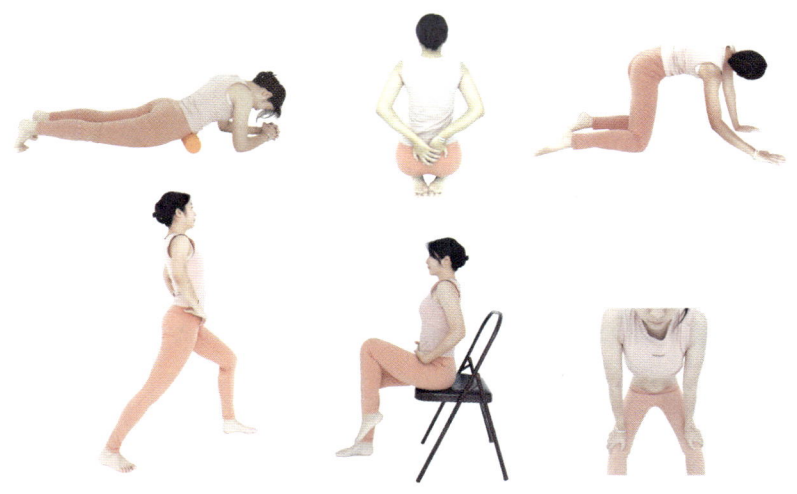

✿ Day10　改善坐骨神经痛

坐骨神经痛的原因很多，比如坐骨神经炎、腰椎间盘突出、腰椎管狭窄、妊娠、梨状肌综合征、外伤、局部压迫、神经病变等。本书主要是解决因局部压迫梨状肌以及腰椎间盘突出引起的坐骨神经痛。

髋关节有六块深层外旋肌，分别是梨状肌、上孖肌、闭孔内肌、下孖肌、闭孔外肌和股方肌。它们的一端附着在骨盆的不同位置上，另一端附着于股骨大转子的后部。其中梨状肌与坐骨神经关系密切，可能导致严重问题。梨状肌从骨盆后侧的坐骨大切迹穿出，处于坐骨神经的正上方。正常情况下，坐骨神经从梨状肌下方出发，然后下行至腿的后侧，在腘绳肌下方穿行，并在膝关节上方分叉，其分支支配小腿。有极少数人，坐骨神经从梨状肌上方走行或是穿过其内部。梨状肌如果过于紧张，可能会压迫坐骨神经，导致疼痛和麻木等感觉。这就是因梨状肌紧张导致的坐骨神经痛（梨状肌综合征）的原因之一。

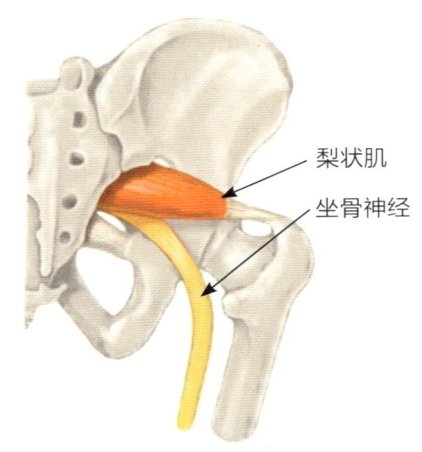

梨状肌

坐骨神经

❋ 练习思路

松解腰椎骨盆区域肌肉，拉伸梨状肌，强化腰腹肌。

❋ 筋膜松解

让右臀侧坐在狼牙棒上，来回滚动 5 次，再坐到臀正中来回滚动 5 次。

扫二维码看讲解

❈ 单动作练习 1：雨刷

仰卧屈膝位，保持正常的腰曲（四指并拢可以塞到侧腰下）呼气，双腿倒向一侧；吸气，回正双腿；呼气，双腿倒向另一侧；重复练习 10 组。

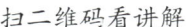
扫二维码看讲解

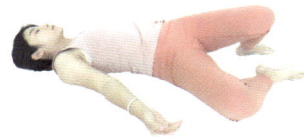

❈ 单动作练习 2：针眼式

屈膝仰卧位，保持正常的腰曲，骶骨压实地面。抬起左腿并勾脚，将左脚脚踝处放在右膝下方，骨盆稳定。抬起右大腿垂直地面，右小腿平行地面。双手抱住右大腿。右大腿向前推与双手对抗，左腿也向前推，感受左侧臀的拉伸。保持 5 个呼吸，换反方向练习。

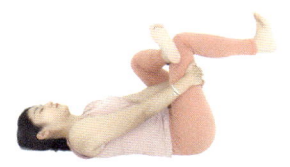

❈ 常见错误

因为柔韧度不够，导致双手抱腿时，大腿无法垂直地面，并且背部离开地面，下巴上扬。

❈ 调整方法

放开抱住腿的手，用左膝外侧去找右脚脚尖，并保持右大腿与左膝对抗发力。

扫二维码看讲解

✽ **情绪支持**

冥想（P38）

✽ **练习组合**

筋膜松解 + 体态呼吸（P22）+ 单动作 1 和 2+ 万能动作 3、4、2（P24-25）+ 情绪支持

Day11　调整假胯髋

"假胯髋"是一种流行称呼，指骨盆下侧，大腿上侧的骨盆衔接处突出，横向变宽，囤积了很多肉肉，从而导致视觉上胯位降低，显得腿短，并且下半身笨重。其形成原因有多种：长期久坐办公，不爱运动，走路姿势内八，站姿顶髋，坐着的时候夹腿、跷二郎腿等不良习惯，导致髋关节过度内旋，女性骨盆更宽，加上产后骨盆闭合不全，也容易引起假胯髋问题。髋关节就是骨盆两侧与股骨顶端的球部（即股骨头）的接合处。骨盆上的接合处呈一个较大的凹陷，称作"髋臼"。这一球臼形状的

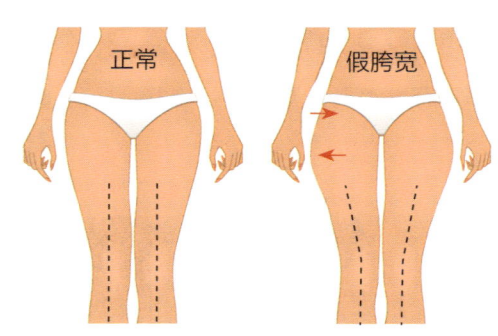

完美接合，使髋关节成为一个强大关节，既具备良好的稳定性，又有很强的活动性。

❋ **练习思路**

调整髋关节在动态中的正位，获得持久效果。

❋ **筋膜松解**

将手放在侧臀处，抬起腿前后运动，感觉手下会动的地方就是股骨大转子。侧卧压住小球围绕股骨大转子周围进行放松，做5次。再换反方向放松。

扫二维码看讲解

❋ **单动作练习：青蛙落踵**

屈肘四足位做准备，双膝打开略宽于垫子，小腿相互平行，保持正常的生理曲度。脚跟抬起来，再重重的落下去。15个/组，做3组。

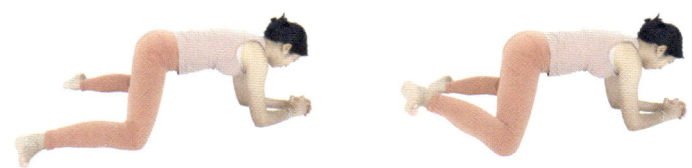

❈ **常见错误**

塌腰、耸肩和弓腰。

扫二维码看讲解

❈ **情绪支持**

冥想（P38）

❈ **练习组合**

筋膜松解 + 体态呼吸（P22）+ 单动作 + 万能动作 3、4、2（P24-25）+ 情绪支持

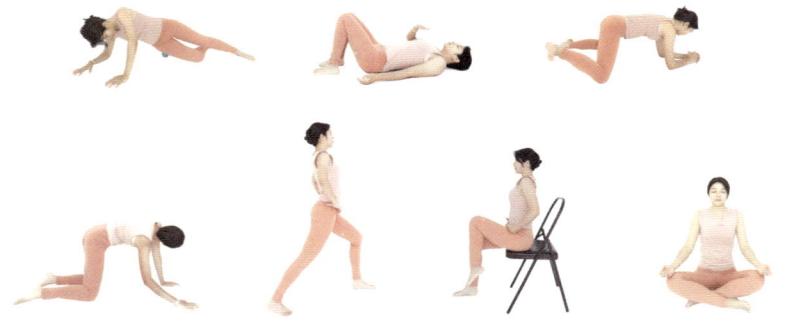

✿ Day12 内核能量的帮手

　　内核心通常是指多裂肌、盆底肌和腹横肌。他们并不是孤立存在，还有外援——大腿内收肌。内收肌位于大腿前侧和内侧。顾名思义，这一肌群的主要功能是完成内收动作。除了有内收功能外，它们还属于髋屈肌。另外，尽管存在争议，但内收肌还被

认为是髋关节的内旋肌。内收肌协助我们向前方抬腿（屈髋），将腿拉向身体中线（内收），以及使腿部向内侧旋转（内旋）。同时，它们限制腿部向后、向外运动以及向外旋转。内收肌的近端附着在耻骨上，远端附着在一条沿股骨后侧向下走行的粗线上。内收肌包含了长收肌、短收肌、大收肌、耻骨肌和股薄肌。内收肌是容易紧张的肌群，内收肌紧张时会影响到内核心和外展肌群。同理，在练习内核心时，如果配合启动内收肌进行整体性训练，会获得更好的训练效果。

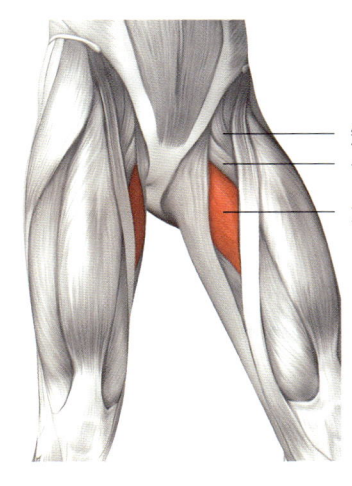

短收肌
长收肌
大收肌

❋ **练习思路**

保持内收肌的张力平衡以及力量。

❋ **筋膜松解**

将狼牙棒竖向放在屈膝腿内侧，左右滚动。

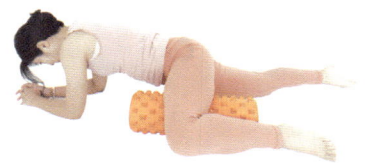

扫二维码看讲解

❋ **单动作练习：侧卧上抬腿**

准备好支撑物，放在侧腰下，一手支撑身前侧，一手屈肘放在耳下支撑，保持骨盆稳定。双腿同时抬起，右腿向上碰左腿，回一半不要落在地上。15个/组，做3组。

❋ **常见错误**

骨盆不稳定，向前倒或向后倒。

扫二维码看讲解

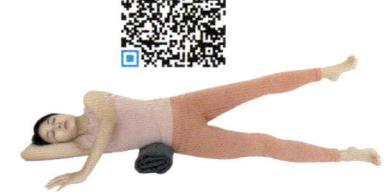

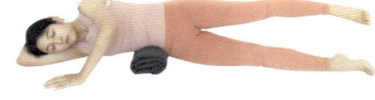

❋ **情绪支持**

冥想（P38）

❋ **组合练习**

筋膜松解＋体态呼吸（P22）＋单动作＋万能动作4、2（P24-25）＋情绪支持

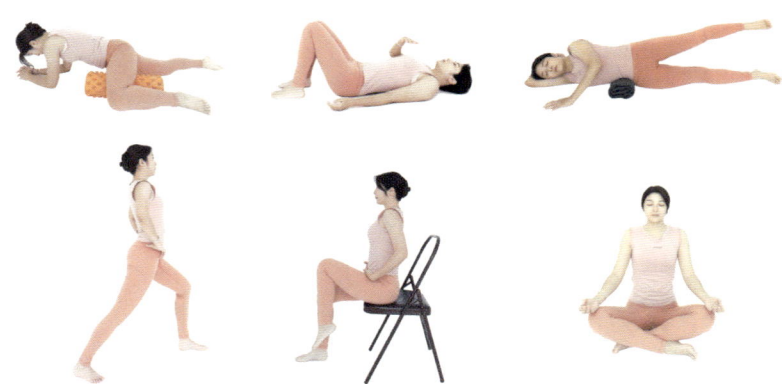

✿ Day13　改善臀侧凹

导致臀部两侧凹陷的原因有很多。如果一个人经常健身运动，臀部脂肪含量比较少，但肌肉却比较发达，就会使肌肉间歇处凹陷，看起来臀部两侧会凹陷，属于正常的生理性现象。日常活动少、长时间坐着，比较容易导致臀部肌肉发生萎缩，或身体营养缺乏时，臀部肌肉也会缺乏营养，容易发生萎缩，进而导致臀部两侧出现凹陷。骨盆上口变宽也会出现臀部两侧凹陷的情况。我们需要去训练臀中、小肌和臀大肌外上侧，在本节主要训练臀中、小肌。

臀中、小肌被臀大肌所遮盖，臀小肌最小，位置最深，臀中肌不论尺寸和深度都介于两块臀肌之间。臀中、小肌的纤维一部分附着于骨盆上比较靠近前侧的位置，而另一部分附着的位置靠后。在股骨上的附着位置反映了它们是把腿向前还是向后牵拉。在标准解剖学姿势下，这三块臀肌共同负责使髋关节外展，但是我们常常在有规律地收缩这些肌肉，每次向前迈步时，我们必须使骨盆和躯干相对于腿部保持稳定。在行走时，身体的重力线会从两条腿向一条承重腿转移，这时我们的体重会倾向于将承重腿向内侧拉动，使这一侧的髋关节内收。此时，承重腿的臀肌就会收缩，以稳定髋部，从而避免髋内收。如果这些肌肉不收缩，我们就会摔倒，或者走路时像灵长类动物那样身体左右摆动。虽然髋关节并没有做出实际的外展动作，但是你可以认为避免内收相当于产生了外展动作。

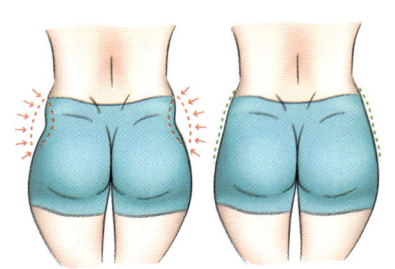

✽ 练习思路

按顺序完成之前和之后的训练，在本节主要是收骨盆上口和练习臀中、小肌。

❋ 筋膜松解

用手从腰底端靠后的位置向下摸到凹坑处。侧卧压住小球在凹坑处转圈滚动 5 次，再换反方向松解。

扫二维码看讲解

❋ 单动作练习 1：动态青蛙趴

四足位准备，将双膝打开略宽于垫子，手肘撑地，十指相扣。让大腿向骨盆的方向运动，保持持续向内的力，前后移动大腿骨。做 1 分钟，练习 3 组。

❋ 常见错误

塌腰耸肩。

扫二维码看讲解

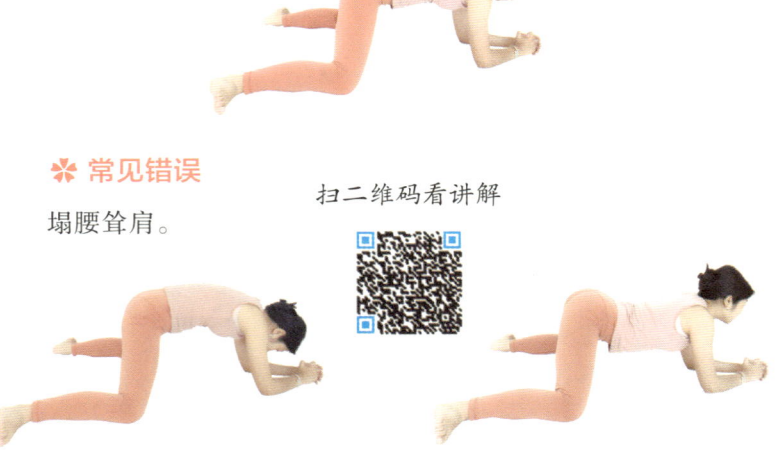

第四章·塑造美臀

❋ 单动作练习 2：螃蟹步

站姿位准备，双脚打开略宽于骨盆，先屈髋，膝盖自然微屈并对着第二、三趾，保持腹部和腰部对抗的力量。左脚跟向左侧移动时用力踩地，感觉左侧臀肌的发力后，骨盆和右腿跟随向左侧移动。全程保持头向前拔高的感觉，练习 1 分钟，换 1 侧练习。

❋ 常见错误

塌腰抬头，腹部没有与腰部对抗的力量。

❋ 情绪支持

冥想（P38）

扫二维码看讲解

❋ 组合练习

筋膜松解 + 体态呼吸（P22）+ 单动作 1 和 2+ 万能动作 4、2（P24-25）+ 情绪支持

Day14 练臀练出大长腿

臀大肌覆盖在臀的最外层,面积大,适合稳定关节和提供强大的力量,它能使髋关节伸展和外旋。不过,只有在需求比较大的时候,它才会协助完成这些动作。臀大肌在大量行走、跑步、骑自行车及其他类似运动中往往会变得过于紧张,这会影响到它对髋关节的作用,导致髋关节完成其他活动时能力受限。臀大肌从形态上决定臀部整体的饱满度和高度。臀部对体态有着重要的影响。臀部的形态和大小可以影响身体的比例和平衡。一个紧致、翘挺的臀部可以使身体线条更加流畅,提升整体美感,视觉上会显得腿变长了。相反,臀部下垂、扁平或过于肥大都可能破坏身体的比例和平衡,影响体态的美感,视觉上会显得腿短。臀肌无力还会导致下肢稳定性变差,进而影响腰椎、髋部、脚踝等部位的稳定性,增加运动损伤的风险,并可能引发一些疾病。臀肌参与骨盆的稳定,臀肌力量不足会使骨盆不稳、前倾,腰椎曲度增加,导致腰疼等不适。

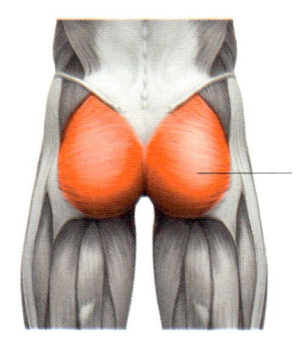

臀大肌

❋ 练习思路

增加臀大肌的高度和饱满度。(短暂的充血从视觉效果上可以很快看到臀部饱满,但是,增肌对女性是不太容易的,并且需要训练的强度和频率也是不同的,我们在这里的练习只是21天体态训练的一环)

❋ 筋膜松解(P56)

❋ 单动作练习:动态屈髋

弹力带套在膝盖靠下的位置,双腿打开,膝盖对着第二、三趾。先屈髋到大腿后侧有拉伸感的位置，保持腰腹稳定。脚跟蹬地，将臀向上送，再回到屈髋位。全程保持头向前拔高。30个/组，做3组。

扫二维码看讲解

✿ **情绪支持**

练习1：心轮震动OM唱诵（P31）10次。

练习2：请暗示自己——我明白负面原生家庭的关系是过去的状态，我可以去清理过去的情绪，并和父母建立新的关系，我也可以通过自己不断的修正，让未来不再受原生家庭的负面影响。

✿ **组合练习**

筋膜松解+体态呼吸（P22）+万能动作4（P25）+单动作+万能动作2（P24）+情绪支持

Day15 日常坐姿训练

坐姿是两个坐骨均匀受力的,去感受从坐着的支撑物反作用力将身体撑起来的感觉。切记不要翘二郎腿以及单侧坐骨受力。

盆腔,胸腔,颅腔对位,提供好的体态,良好的呼吸环境,不易囤积脂肪。保持胸式和腹式呼吸结合的呼吸状态。

❋ **练习思路**

可以前后和左右动一下,找到坐骨的中立位后,让坐骨向下扎根,感受反作用力将身体向上顺位托起。吸气时,由腹部启动,尽量慢和深长地吸气,并且吸气时想象尾骨带着骨盆下坠,拉长腰椎,当你继续吸气时会感受到后背撑开,然后保持三腔对位状态下的持续平缓呼气。

❋ **情绪支持**

冥想(P38)

❋ **组合练习**

体态呼吸(P22)+ 万能动作 4、2(P24~25)+ 情绪支持

  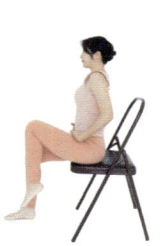 

第五章　整容式美背

❀ Day16　脊柱评估和训练

　　脊柱由堆叠在一起的矮圆柱状的椎骨和其间的盘状软骨（即椎间盘）构成，颈椎有7块，胸椎有12块，腰椎有5块，骶骨有5块，尾骨有4块（骶骨和尾骨区域有些人可能多出1块），拥有支撑、保护、减震、旋转、侧屈的功能，这些间隙的存在也使椎骨之间能够容纳从脊髓发出的，用于支配组织和器官的神经，是容纳神经系统的重要部位。脊椎可以通过发出的神经控制我们的五脏六腑，储存我们在各年龄阶段的信息。骶椎和尾椎记录0~3岁的经历；腰椎3~5节记录4~6岁的经历；胸椎11~12，腰椎1~2节记录7~12岁的经历；胸椎1~10节记录13~22岁的经历；胸椎10节~颈椎1节记录23岁到老的经历，这些经历在文中会分别表述对应的情绪问题。

　　自我评估主要是从解剖位的冠状面（正面和背面）、矢状面（左面和右面）和水平面（上面和下面）去观察脊柱的形态。在矢状面观察脊柱的左右侧屈幅度，矢状面观察脊柱的四个生理曲度、水平面观察脊柱的旋转。在标准解剖学姿势下，从正面看去，它就是一系列呈直线排列的、将骨盆与颅骨连接在一起的骨头，但是从侧面看，脊柱并不是一个柱状结构，因为整条脊柱存在着自然的曲线，这些曲线很重要，它们使得整个脊柱结构的强度比排列成一个圆柱体时高了10倍。除此以外，脊柱还有侧弯的评估，在 15°以内是正常的，超过 15°需要看是结构性的还是功能性的侧弯，这是一系列专业的评估和调整，我们在这里讲的主要是增加脊柱的灵活性和力量训练。

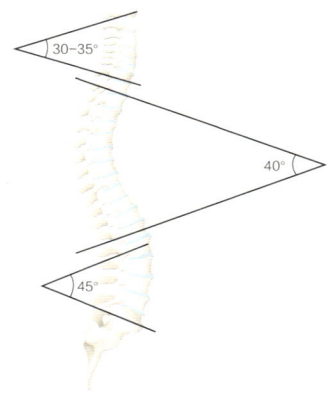

侧面图

评估方法： 手机放在身体侧面，自然站姿放松，拍照后看图片。尾椎、腰椎、胸椎、颈椎四个生理曲度协调（标准角度作为参考，有个体差异）。常见的不良曲度有头前引、颈椎反弓，胸椎变直、驼背、腰椎弯曲过大、腰椎过直。

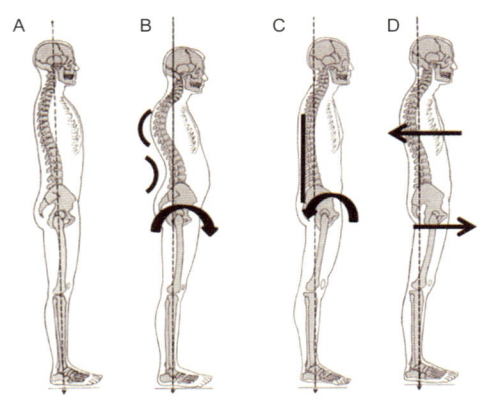

不良曲度

❈ **练习思路**

建立整条脊柱的灵活度和力量

❈ **筋膜松解**

将泡沫轴放在腰部，整条脊柱来回滚动，再放在内衣带的位置来回滚动，最后来到肩胛骨靠上的位置来回滚动，每个部位滚动 5~8 次。

扫二维码看讲解

❈ **单动作练习：脊柱前后流动**

在距离较长的四足位中准备。屈膝，将臀向后送。吸气，向上向前依次推腰椎、胸椎。进入斜板。再呼气，回到屈膝臀向上的位置。重复练习 15 次。

扫二维码看讲解

❇ **情绪支持**

冥想（P38）

❇ **动作组合**

筋膜松解 + 体态呼吸（P22）+ 单动作 + 万能动作 3、4（P25）+ 情绪支持

Day17　改善含胸驼背

含胸驼背的原因有多种，是一种常见的脊柱变形，其中最常见的原因是长期姿势不正确，特别是青少年人群。青少年在发育过程中，由于桌椅比例不协调、青春期胸部发育、书包过重、背包方式不正确、走路姿势不正规等原因，产生脊柱问题，也有部分人可能因为遗传因素、脊柱病变、骨骼不好、脊柱畸形、脊柱结核、肿瘤、强直性脊柱炎等疾病或损伤也可能导致含胸驼背。我们这里训练改善的是由于胸大肌和胸小肌的紧张缩短，肩胛骨不稳定并向两侧前方滑动，背部肌群尤其是菱形肌过度展开和无

力，胸椎过度后突引起的形态改变。

在情绪方面，含胸驼背的情况有可能是下沉、崩溃的姿势，也可能是觉得虚弱，甚至沮丧，缺乏安全感，想要把自己隐藏起来，自我压抑，极力避免攻击性的冲突或其他不愉快的场合。

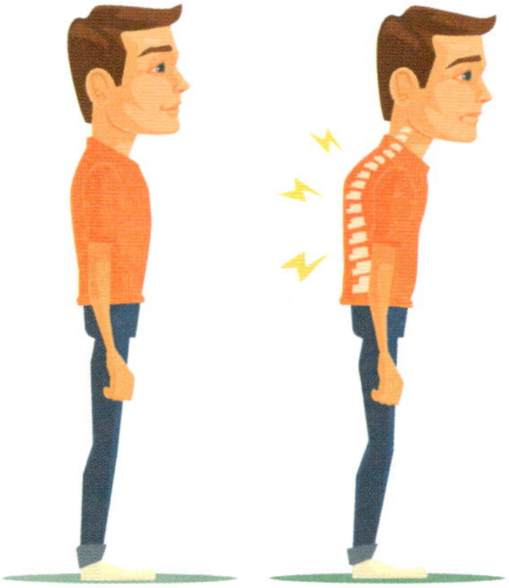

练习思路

松解身体前侧，强化身体后侧。

筋膜松解

将筋膜球放在胸大肌和胸小肌的交界处，然后俯卧下来，让身体的重心压向筋膜球，手臂伸直，上下匀速晃动。做 5~8 次后换反方向练习，也可以两侧同时压球练习。

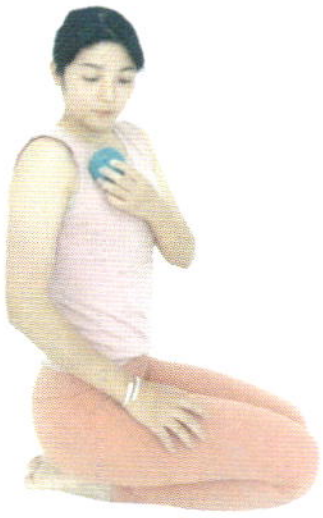

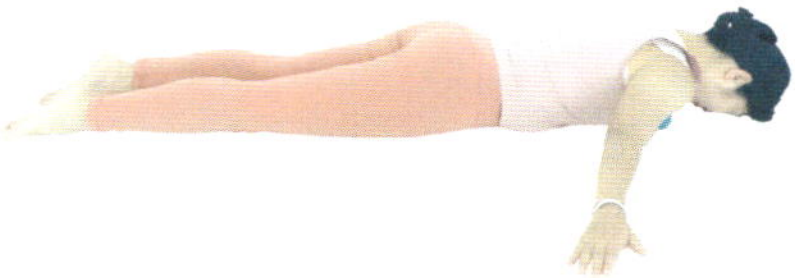

扫二维码看讲解

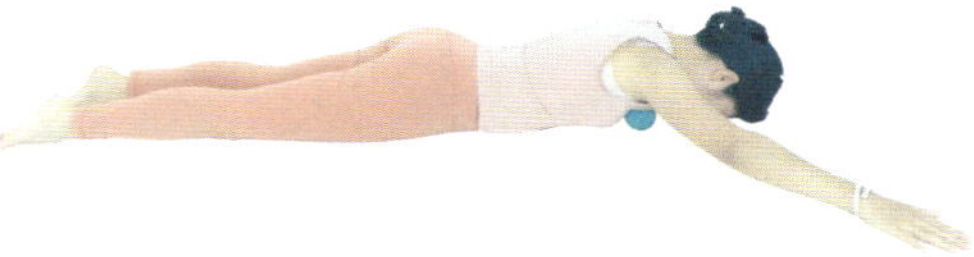

❋ 单动作练习：动态肩胛伸展

跪姿位，投降手，大臂略高。吸气时，肩胛骨向后，手臂跟随。呼气时，肩胛展开，手肘向身体斜前方15°伸展。

扫二维码看讲解

❋ 情绪支持

练习1：等比例呼吸

跪姿位做准备，将双手交叠放在胸口，让吸气和呼气是同样的长度，保持3分钟的练习。

扫二维码看讲解

练习2：请正向暗示自己——我会去观察自己缺乏自信的源头，然后清理这个源头，通过具体的容易完成的事情，逐步提升我的信心。

❋ 练习组合

筋膜松解＋体态呼吸（P22）＋万能动作3（P25）＋单动作＋万能动作5A（P27）＋情绪支持

❀ Day18　消灭副乳和"拜拜肉"

　　副乳分为假性副乳和真性副乳两种。真性副乳则与正常乳房一样具有腺体组织，受到性激素的影响，会随着月经周期、孕期或哺乳期出现肿胀疼痛，哺乳期间也可能有少量乳汁分泌。假性副乳主要是腋窝前乳房外上侧部位皮下脂肪过多堆积造成的，并没有腺体组织。"拜拜肉"是指手臂后方连接肩膀下方的肉，通常是缺乏运动和不良饮食习惯导致的。对于假性副乳和"拜拜肉"，一般通过注意饮食、多运动和健身塑形等方式来

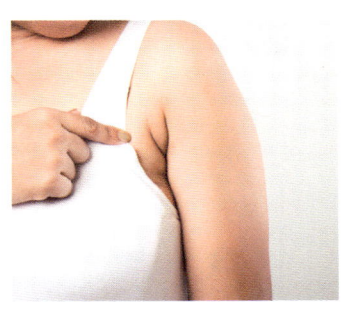

副乳

改善。

在情绪方面,手臂是由心脏向外伸出,处理外界事物的,一双强壮有力而温柔的手臂,可以伸出去握住目标,可以回收和拒绝,也可以给与,可以抚摸别人也可以攻击别人。而有拜拜肉的胖手臂,可能代表很难开展行动,也很难维持足够的能量完成整个活动,因为已经被自己的重量和情绪压垮了。

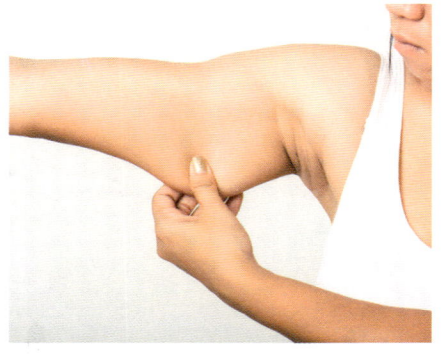

拜拜肉

❋ **练习思路**

练习大臂力量和前锯肌,肩胛骨归位,改善肱骨前移。

❋ **筋膜松解**

将泡沫轴放在胸的侧面前后滚动前锯肌,再放到拜拜肉处上下滚动,最后放三角区域上下滚动。每个部位滚动 5~8 次。

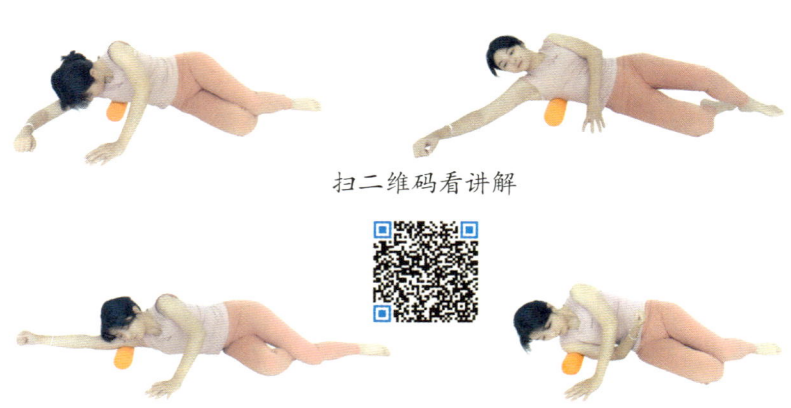

扫二维码看讲解

❋ **单动作练习：肩胛骨动态推地**

四足位做准备。呼气到后背，让胸腔向上。呼气，缓慢的让肩胛下沉。

❋ **常见错误**

练习的时候，塌腰，耸肩。

扫二维码看讲解

❋ **情绪支持**

练习1：每天练习后进行10次左右经络清洁法（P35）以及10次震动心轮的OM唱诵（P31）。

练习2：请正向暗示自己——我锚定自己每一个阶段的小目标，同一时期只做好一件事，这种专一的行为会让事情倾向于能达到预期的成效。

❋ **练习组合**

筋膜松解 + 体态呼吸（P22）+ 单动作 + 万能动作3（P25）+ 万能动作5A（P27）+ 情绪支持

❀ Day19　胸曲过直的评估与训练

　　胸曲变直除了强直性脊柱炎，一般是由于不良的体态导致的。常见的胸椎灵活度降低，身体前侧肌肉薄弱，身体后侧肌肉紧张，翼状肩，肋骨突出，胸椎部位疼痛，呼吸困难，影响到腰椎，胸廓扩张。胸曲一旦变直，就很难恢复，我们的练习目的是防止继续因为体态不良的问题导致胸曲过直继续恶化。

　　在情绪方面，长时间刻意的挺胸，把胸口挺起来的时候，会觉得自己又狠、又强、又有力，横膈膜僵硬，切断腹部内脏情绪的接触，很难从别人那里吸收能量，往往会对自己要求过高或过于严厉，也意味着曾经得不到他人的支持，所以什么都要靠自己硬撑。

　　评估方法：观察是否有翼状肩，肋骨外翻或灵活度受限。

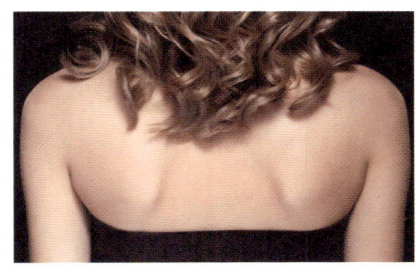
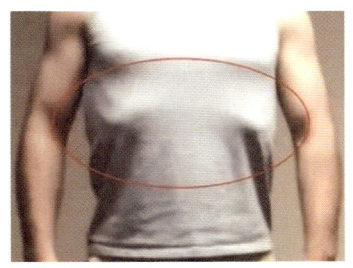

翼状肩的形态　　　　　　肋骨外翻的形态

✤ **训练思路**

增加胸椎灵活度和利用重力恢复胸曲。

✤ **筋膜松解**

将泡沫轴放在胸椎段上下滚动，放在胸侧面来回滚动，各5~8次。

扫二维码看讲解

✤ **单动作练习1：左右摇摆**

保持骨盆相对稳定，胸廓转动带动甩臂。1分钟。

✤ 常见错误

骨盆晃动过大。

扫二维码看讲解

✤ 单动作练习 2：悬挂式鳄鱼呼吸

站姿位做准备，吸气，胸腔向上带动双臂从两侧上举，呼气，屈膝屈髋，旋髋让脊柱向地面方向下沉，停在身体重心相对垂直的位置，手肘互抱，腹部放松，感受内脏向胸腔流动的感觉，停留1分钟后起身，再练习2组。

扫二维码看讲解

✤ 情绪支持

练习1：冥想（P38）

练习2：请正向暗示——我接纳自己，也接纳他人的不支持，我觉察到对自己过高的评判和要求，我会找到生活的平衡点，学会放松，调整到张弛有度的日常状态。

✤ 练习组合

筋膜松解＋体态呼吸（P22）＋万能动作3（P25）＋单动作＋万能动作5B（P27）＋情绪支持

❀ Day20　不要疼痛的蝴蝶翅膀

"蝴蝶背"就是常说的翼状肩，肩胛骨是位于脊柱两侧的独立结构，它本身并不是平铺在背部的，因为胸廓是接近弧形的结构，与其相关的肩胛骨的走向其实与身体平面大致成45°。从整体来说，翼状肩和脊柱变直或脊柱侧弯有关，肩胛骨没有办法很好的贴合在脊柱上，由于斜方肌和前锯肌的无力，造成肩胛骨的正常稳定性丧失，肩胛骨下缘内侧翘起。导致翼状肩的原因可能还有外力创伤、肌营养不良。我们这里是处理不严重的胸椎变直和局部问题导致的翼状肩。

翼状肩

❋ **练习思路**

练习斜方肌下部、前锯肌，改善胸椎灵活度和胸曲。

❋ **筋膜松解**

将泡沫轴放在肩胛骨靠上的位置来回滚动 5~8 次。

❋ **单动作练习：顶背手合十上下**

跪姿位，双手合掌由肚脐的位置伸出去。保持背向后顶，双手向前延伸并且上下移动。15 个/组，做 3 组。

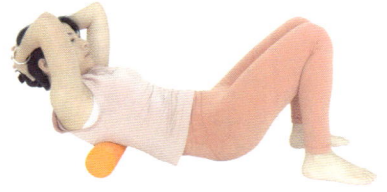

扫二维码看讲解

❋ **常见错误**

弓腰弓背。

扫二维码看讲解

❋ **情绪支持**

冥想（P38）

❋ **练习组合**

筋膜松解 + 体态呼吸（P22）+ 万能动作 3（P25）+ 单动作 + 万能动作 5B（P27）+ 情绪支持

❀ Day21　富贵包消失术

形成富贵包的原因有多种，主要包括长时间的不良姿势，枕头太高、太软，过度低头，局部纤维组织增生，脂肪的堆积、年龄的增长、外伤和遗传上的异常等引起的。富贵包通常出现在第七颈椎和第一胸椎处，是脖子和背部交界处的凸起。从骨骼角度来看，是胸椎和颈椎变直并折叠的形态，我们这里通过练习改善的是长期不良姿态导致的富贵包。

情绪方面，有富贵包的人由于父母对其从小的要求很高，使得其潜意识很难接纳自己，不允许自己不够好，不够

优秀。所以追求成功、优秀而长期着急上火,气血上逆,容易愤怒,能量郁结导致肩颈会凸起;颈下心脏区域凹陷意味着与父母的疏离。

❊ **练习思路**

恢复胸曲和颈曲的弧度以及颈椎稳定。

❊ **筋膜松解**

将泡沫轴放在颈后下方,上下蹭动泡沫轴,再左右缓慢转动头部。每个部位 5~8 次。

扫二维码看讲解

❊ **单动作练习 1:四足拔颈**

四足位,保持正常的生理曲度。呼气时,弓背仰头,下巴向前拔颈。吸气,保持不动。15 个呼吸/组,做 3 组。

❈ **常见错误**

塌腰耸肩或弓背太多。

扫二维码看讲解

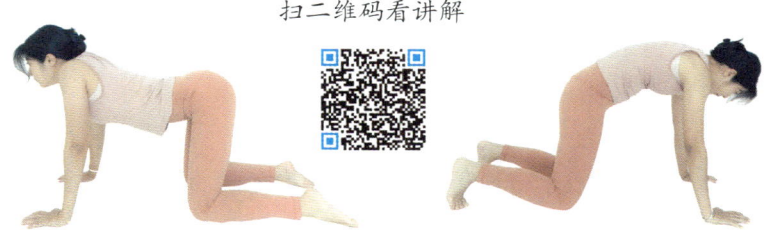

❈ **单动作练习 2：PNF 抗阻拉伸**

❈ **动作分解**

跪姿位，保持生理曲度。这是四个方向的练习，分别是双手交扣放在后脑勺、双手交叠放在前额、右手放在右侧太阳穴上方和左手放在左侧太阳穴上方。都需要头主动向前推手，手保持 60% 的回顶力（头的力大于手）10秒后，头先把力卸掉，再放手。

以上各重复做 3 组

扫二维码看讲解

❋ 情绪支持

练习1：冥想（P38）

练习2：请正向暗示自己——我能通过具体的事情内观到自己的愤怒情绪，我明白我可以通过自己的信念去转换这种情绪，让内心平静下来。

❋ 练习组合

筋膜松解 + 体态呼吸（P22）+ 万能动作3（P25）+ 单动作 + 万能动作5B（P27）+ 情绪支持

第六章　进阶练习

瑜伽和觉知

我们被层层包裹在五鞘之中，它们依次为物质层、生理有机层、心理层、智性层和喜乐层。简而言之，这五层包括由骨骼和肌肉构成的物质身体层，由生命器官组成的生理有机层，涵盖神经系统和心的包含五感的心理层，由心智塑造的智性层，以及真我显现的喜乐层。

在瑜伽的修炼过程中，这些层次需相互渗透、相互贯通。其中，神经系统起到了连接精微身体和外部身体的桥梁作用。心理层则成为生理有机层和智性层之间的桥梁。从某种角度看，如果我们将物质和生理的身体视作一端，那么智力体和喜乐体则位于另一端。

因此，对于瑜伽练习者来说，保持神经系统的健康至关重要。一旦神经系统受到干扰，个体可能会陷入深度的沮丧和消沉，身体、心灵和智力都将受到波及。而体式的练习，其目的就在于发展壮大神经系统。当神经系统得到强化，物质身体的重要性将被淡化，而心理身体则会被引导靠近精神身体。此后，通过心念的运动，我们可以尝试实现智性的统一。

以蝎子式为例，我们并非仅仅关注姿势本身，而是观察智性如何从脚底到脚趾，一直流向双手手指的中部。我们会关注智性流动是否完全，是否有一只手臂的流动更为顺畅。在这一过程中，我们不再仅仅观察外在的姿势，而是洞察内在身体的运作机制，以及内在觉知的流动。

实际上，我们在调整的不是身体本身，而是内在的觉知。一旦觉知开始活跃，身体自然会找到其正确的位置和排列。正如水会自动找到其水平面，觉知也会找到自己的平衡点。智性则根据我们已经在身体中建立的路径流动。如果体式呈之字形，智性也会以之字形流动。觉知始终紧随智性，不论是在发动执行动作，还是产生活力时，觉知都与之相伴。

人类身体结构由三层体系构成：因果体、精微体以及粗钝体（即我们容易看到和认知的外部身体）。体式练习引导我们从外部身体出发，接触并穿越经纬，最终抵达因果体。因此，体式练习实际上在连接和交织粗钝体与因果体，使之相互贯通。每一个体式的进行，都应遵循这一原则。

❀ 瑜伽和肌肉

根据上述内容，我们知道了瑜伽的终极目标，适当的了解瑜伽相关的运动解剖知识也是有必要的。此部分解剖理论选自《瑜伽运动解剖书》，主要讲述肌肉在瑜伽运动中的关系。肌肉是属于人体四大组织之一，人体肌肉分为心肌、骨骼肌和平滑肌，在这里只观察骨骼肌在瑜伽运动中的情况。

对肌肉组织来讲，其特定功能是"收缩"，动作中肌肉的收缩分为"向心收缩""离心收缩""等长收缩"，大部分线性瑜伽体式中都需要肌肉的等长收缩。肌肉收缩会变短。在开始收缩时，肌肉不一定处于较短的状态。开始收缩时，肌肉的初长度可能很长，也可能很短。如果开始收缩时，肌肉的初长度较短，我们称这种收缩为向内收缩，比如说蝗虫式中臀大肌的收缩就是向内收缩。如果开始收缩时，肌肉的初长度很长，我们就称这种收缩为向外收缩，比如，幻椅式中臀大肌的收缩就是向外收缩。当肌肉的初长度处于这两者之间，既不短也不长，我们称其为中等收缩。比如，树式中臀大肌的收缩就是中等收缩。这三种肌肉收缩过程可以和肌肉收缩形式交叉，即一块肌肉可以有三种肌肉收缩过程，每个过程中肌肉都有可能是离心、向心或等长收缩。比如在幻椅式中，当身体向下坐时，臀大肌属于离心收缩（因为臀大肌控制身体的下降速度），然后，臀大肌慢慢地由中等收缩（因为和开始下降时相比，臀大肌变短了一点）变成了向外收缩；起身时，臀大肌的运动属于向心收缩，然后慢慢地由向外收缩变为中等收缩。如果开始收缩肌肉产生力量，这个力量可以使得我们完成一个动作，但是，很多动作的完成还是需要借助其他力量。在瑜伽练习中，很多动作需要借助重力、附着力、摩擦力、骨对抗、膝关节紧张来完成。

身体的很多动作都是反射性的，也就是说我们并没有想做这个动作，或是根本没注意，这个动作就完成了。在瑜伽中出现的三类反射分别是牵张反射、反牵张反射和交互抑制反射。牵张反射，也称伸张反射或肌腱反射，当肌肉收到快速和轻微的拉伸时就会被触发。它能引起拉伸肌肉的收缩。在牵张反射中，肌肉与自身的拉伸相对抗。这种反射存在于所有肌肉中，可以保护肌肉，避免肌肉在受到突然、剧烈的牵拉时受伤。牵张反射还是肌紧张的基础。牵张反射由脊髓控制，脊髓与中枢神经系统相连。在瑜伽练习中，当练习者想放松肌肉，特别是伸展肌肉时，要避免拉伸过快，过于激烈。第二类反射和第一类反射相反。当肌肉被缓慢、持续地拉伸时，反牵张反射就会发生。它会使被拉伸的肌肉松弛，于是该肌肉被拉伸。在瑜伽练习中，当练习者在做某一姿势时，肌肉拉伸到达极限，就会出现反牵张反射，如果停几秒，肌肉会在其极限值内拉伸到正常长度。从这个角度看，也可以得出一样的结论：在放松或伸展某块肌肉时，需要缓慢地完成。第三类反射发生于作用相反的两块肌肉之间，当一块肌肉收缩时，它的拮抗肌舒张。这种反射对肌肉的结缔组织部分不起作用。比如，当腘绳肌的收缩是因为筋膜部分缩短引起的，此时出现的反射并不能让肌肉变长。

在瑜伽练习中，有肌肉力量、肌肉放松、肌肉长度、肌肉长度与力量、肌肉配合等情况。在这里的肌肉紧张是该肌肉如同一根绳子，在当前情况下受到牵拉。这并不一定是指该肌肉被用力拉伸，但至少意味着该肌肉处于伸长状态。放松的意思是指这块肌肉没有受到牵拉。

瑜伽和体态

瑜伽的经典体式，都可以从不同层面调整我们的体态不平衡。比如说，我们在所有的站立体式里面都可以练习到足弓，而且各有侧重点，足弓对体态的影响在前文中已详细阐述过，根基的稳定才能带来良好的体态。同时，饱满而稳定的呼吸状态，盆底肌和膈肌的对位，同升同降的能力，也能调整到体态，而呼吸在瑜伽里是首要的，所以有个说法叫"无呼吸不瑜伽"。而利用重力的不同方向练习去增加内脏的滑动能力，避免卡压和粘连，也能调整体态。这些都是我们在练习的时候需要整体探索的，最重要的是不要盯着局部问题。本书上部内容的 21 天虽然有针对局部问题的单体式，但是练习公式的组成依然是从整体性考虑的，这个阶段主要目标是用简单的练习获得良好体态的同时培养出一定的觉知力和练习习惯，但是并不建议长期练习。

下部则是按照序列进行的，这部分比上部内容更为重要，并且适合终生练习（想要精进练习的深度需要选择老师跟随一段时间）。用一个手举不起来的动作来举例，解剖上理解的是活动度的问题，这在逻辑上是正确的。我们看见一个人也许站着的时候手举不起来，但是坐着可以；坐着无法举手但是躺着可以；躺着手举不起来，被动的可以帮助他举起来，这就是功能上没有问题，只是适应性出现了问题。这个时候我们思考的就不是某个关节活动度出了问题，事实是当我们努力想把手举起来的时候，会出现异常的张力还要对抗重力，举手这件事就变得很难，并且还会影响到呼吸。如果身体的适应性很好，肩是被推上去的，举手这件事就会非常的轻松。我们需要明白的是，即使人的每个关节活动度都正常，很多瑜伽体式仍然做不出来，因为很多瑜伽体式对重力、结构的要求是很高的。比如后弯，做不了后弯不是因为外环境的活动度、身体硬不硬的关系，而是内环境的内脏不能很快的滑到胸廓，卡到腰上。比如在三角伸展式里面，最开始的结构就是骨盆不能动，当结构出现问题，重力都到了大腿上，腿就会越来越粗。

另外，瑜伽并不是为了锻练大肌肉的，从养生的角度来说，气血首先是要供给内脏的，当内脏的气血充足的时候，才会流向四肢。很多手脚冰凉的人，实际上是气血不足。当我们把过多的时间放在练外形的时候，内脏的气血是不足的。瑜伽的不同体位是通过四肢变换，在各部位的拮抗（力量）里面找到稳定，练力量的同时身体柔韧性会水涨船高，并不是单纯的拉伸练柔韧。全方位的训练身体内部的良好空间，内脏在腔体里面才能够不被压缩和废用，得到气血的濡养。中国古代有句话叫："外练筋骨皮，内练一口气。"在体式中，找到躯干与四肢摆放的稳定结构后放松肌肉，便是在练筋骨皮。内练一口气是指当我们在稳定的状态下，身体和意识自然会安静下来，气机才会顺畅地运行。除了气机的运行，还有我们呼吸的能力、控制和意念的专注力。虽然，内脏是靠肉眼可见的组织支撑着，但是不可忽视气机对内脏的作用。中医里就有"中气下陷"一说，这会引起内脏下垂、神乏、气血和肥胖等问题。所以，这个角度来说当身体气血充足的时候，内脏会在一个相对较好的位置，精神良好，这些都是良好体态的支撑。

最后，按照序列循序渐进地练习传统瑜伽是很重要的，虽然最开始不可能每个体式都能做好，但是在这种合理的组合里不断练习改变的是重力和结构的关系，保持身体的空间和弹性，增加身体的适应性，身体好了，动作才会好，并且节能、养气血、情绪稳定和自然拥有良好的体态。前面提到过瑜伽的八个步骤，体式只是其中一步，如果想要让自己的生命能够更有内在品质和身心的疗愈，建议按照八支法循序渐进的练习。比如说练习几年的持戒、内制和体式让身体健康，心意稳定以后开始练习呼吸控制法，再进入冥想等，走向更精微的能量修习。持戒和内制放在最前面的意义是非凡的，因为心性的锻炼比什么都重要，当一个人能够处于"少私、寡欲、恬淡、虚无"的状态时，用道家和中医的话来说，这样才会让"神"回归而不是神驰于外，身体的很多问题就不治而愈了。这本书的出现是以体态为引，从肉眼可见的解剖层面练习进入到更有深度和高度的练习，让我们除了拥有良好的体态，更能够长远的带来身心疗愈和生命品质的提升。

借用艾扬格大师的一句话："练习，一切随之而来。"考虑到基础和安全性，本书只选用了《瑜伽之光》的第一个序列，并取消了不适合初学者自行跟着视频或书籍练习的犁式和肩倒立。书中配图和配套的二维码视频所展现出来的是基本方法，想要了解体式可以扫描"教培级精讲体式"二维码学习。请练习一段时间后选择适合的老师跟随，依次解锁后面的序列以及精进瑜伽练习的深度。

第七章 《瑜伽之光》第一个序列拆解

❁ Tadasana 或 Samasthiti 山式

Tada 的意思是山，Sama 的意思是垂直不动的，Sthiti 就是站立不动。Tadasana 这个体式是要像山一样牢固地站立不动。

❋ 功效

身体轻盈，精神敏捷和活跃。

❋ 练习前阅读

在山式中，让双脚前后左右均匀的承受身体的重量，并感受地面向上的反作用力。双脚内侧边缘彼此靠近，先微屈膝，在让脚跟并拢的同时向下踩，蹬直膝盖，感受骨盆前侧被推上去，腹部自然内收，胸的两侧打开与后背同宽的宽度，头像气球一样漂浮起来。

❋ Day1　准备和练习

前后晃动（保持自然呼吸）

山式站姿做准备，然后身体前、后、左、右晃动感受身体的中立位和呼吸。该动作前后两侧重复练习 3 次。保持自然呼吸。

在中立位中停留，双手在身体两侧打开，让胸腔和后背同样的宽度，吸气到后腰后背，找到胸腔漂浮起来的感觉。呼气，保

第七章 · 《瑜伽之光》第一个序列拆解

持胸腔以上的漂浮感，骨盆重心沉向双脚。保持 3 分钟的练习。

❋ **常见错误**

站姿的时候，骨盆前移。挺胸仰头。翘臀，头前引。身体重心向前或向后。

❋ **调整方法**

充分练习前后和左右晃动时带来的身体觉察，然后回到自己中立和稳定的位置。

扫二维码看讲解　　教培级精讲

❋ **呼吸控制法**

左右经络清洁法（P35）

❋ **OM 唱诵**（P31）

❋ **冥想**（P38）

❀ Vrksasana | 树式第一式

Vrksa 的意思是树,安静地单腿站立的人就像树一样,"树根"牢牢扎在地下,"树冠"灵活地空中摇摆。

❀ 功效

提高平衡、稳定力量与灵活性。

❀ 练习前阅读

在树式中,当脚掌抵着支撑腿时,并非通过肌肉而是脚的摩擦力来保持高度,支撑腿会承受较大的力量。上提腿在屈膝的同时,会间接引起髋部的运动(屈曲、外展或外旋),这会使得整个下肢的重量(大腿、小腿、脚)转化成一个水平的推力作用于支撑腿上,可能会使身体发生倾斜。为了抵消脚掌的推力,可以用臀中肌发力,让支撑腿给脚掌一个同样的反作用力,稳定骨盆,保持平衡,防止骨盆偏离股骨。臀肌使大腿外展,防止骨盆外倾。

❀ Day2　单侧提落髋

山式站姿做准备,右腿放松地提起,左手放在左侧股骨大转子处。呼气,让左腿屈膝,左手感受股骨大转子的凸起。吸气,左脚球和脚跟踩地蹬直左腿,上提左侧骨盆,左手感受股骨头内收,再调整骨盆正位。15 个 / 组,做 3 组,然后反方向练习。

❋ 常见错误

脚球和脚跟不发力，腿的内侧和外侧不做对抗。

扫二维码看讲解

❋ 呼吸控制法

左右经络清洁法（P35）

❋ OM 唱诵（P31）

❋ 冥想（P38）

❋ Day3　初级者练习（工具　椅子）

山式站姿做准备，右手扶住椅子，带着 Day2 的状态，让右大脚球和脚跟踩地，大腿内侧和外侧对抗。左脚离地。绷左脚，手拿住左脚踝。让左脚指头、脚掌、脚跟依次的放在左大腿内侧。保持左脚掌与右腿对抗的力，停留 5 个呼吸。每一次吸气，让气息由骨盆向上提胸廓，让整个上身像气球一样膨胀并且感受飘起来的感觉，呼气，感受双腿的对抗，持续外展屈膝腿，并保持骨盆的稳定与正位。放下来后，继续重复 2 组，再换反方向练习。

❋ 常见错误

顶髋、旋转髋。

❋ 调整方法

练习好 Day2 的基本功夫，让支撑腿有力和觉察。

扫二维码看讲解

❋ 呼吸控制法

左右经络清洁法（P35）

❋ OM 唱诵（P31）

❋ 冥想（P38）

❋ Day4　完整练习

双腿保持对抗的力。吸气，上提骨盆（想象要穿上一条小一码的裤子），呼气，保持在这里。吸气，让胸腔推举双手向上并合十，肩膀自然地靠近耳朵。眼睛凝视前方一点。在这里停留 5 个呼吸，放下脚后重复练习 2 组，再换反方向练习。

❋ 常见错误

骨盆旋转、顶髋、身体不稳定。

❋ 调整方法

退回到前两天的练习里精进，稳定以后再尝试现在的练习。

❋ 呼吸控制法

左右经络清洁法（P35）

❋ OM 唱诵（P31）

❋ 冥想（P38）

扫二维码看讲解

教培级精讲

✿ Utthita Trikonasana 三角伸展式

　　Urrhita 在梵文中意为"伸展"，Tri 意为"三"，而 kona 指一个角度。在站立、行走和跑步时，中心始终位于支撑面（即承重接触面）上方身体的正中面。但当弯腰捡东西、抬起或推拉中，或爬树取物时，情况就完全不同了，此时中心移动到支撑面上方身体的一侧，因此你需要使用其他方式让身体像起重机（它的负载臂能在所有方向上转动而其自身不会翻倒）一样稳稳地固定在地面上。三角伸展式正式运用了这条法则：下半身稳定，上半身灵活，甚至上半身可以在所有方向上活动。

❋ 功效

能刺激腹部肌肉离心收缩，强化腹部深层肌肉，增强下背部肌肉力量，使腰椎变得灵活且稳定。挺直腰背，告别腰椎间盘突出和驼背。

❋ 练习前阅读

躯干从直立到侧屈是靠重力完成的。躯干一侧的肌肉收缩，与重力共同作用使躯干弯曲，这种情况下，另一侧肌肉就需要双倍的力量来对抗弯曲躯干的重力和弯曲侧肌肉的收缩力，这样能够有保护作用。在这个体式中，腹外斜肌控制体侧弯曲的幅度，避免躯干过于倾斜。腹外斜肌在这个过程中得到拉伸和锻炼，这时腹外斜肌的收缩属于离心收缩。

❋ Day5　练习准备

转脚（自然呼吸）

量一条腿的距离（伸展带垂直从髂前上棘量到脚边缘，然后将伸展带放在打开的双脚内侧为一条腿的距离）。

双腿打开一条腿长的距离，观察双脚大脚趾在一条横线上。屈右髋，向内转右脚 5~15°，左髋向左外侧转脚 90° 左右，调整左脚足跟对着右脚大脚趾（髋紧）或足弓（正常）或足跟（髋能力较好）的位置，蹬直左膝，右髋带着右腿向外旋，右脚对抗。左髋带着左腿向外旋，左膝对着二三脚趾头，调正左右两侧髂前上棘的前后距离以及高低。

换反方向练习，左右各练习5次后，双脚内外八字收回，回到山式。

扫二维码看讲解

❋ **呼吸控制法**

左右经络清洁法（P35）

❋ **OM 唱诵**（P31）

❋ **冥想**（P38）

❋ **Day6　初学者练习**（工具　椅子）

双手侧平举，转头向右，左髋推向右侧，右髋保持外后侧旋，身体舒展向左侧，左手落在椅子上。

每一次吸气时,感受气息带着骶骨、后背和后脑勺找向墙的感觉。呼气,双脚向下稳定的扎根,保持后侧腿的髋和腿向外向后侧旋。在这个姿势保持 5 个稳定的呼吸。吸气,保持双脚有力,上侧手将脊柱带回到直立状态,呼气,落手,双脚内外八字收回到山式。重复练习 3 次,换反方向练习。

❃ 常见错误

手臂没有在一条线,顶髋、耸肩、身体前倾、头向下掉。

扫二维码看讲解

❃ 呼吸控制法

左右经络清洁法(P35)

❃ OM 唱诵(P31)

❃ 冥想(P38)

❃ Day7　完整练习

手轻触小腿,骶骨、后背、后脑勺找到靠墙的感觉,眼睛保持大拇指的凝视点。在每一次吸气时,感受气息带着双侧骨盆向上,胸腔充盈并有漂浮感。呼气,双脚向下稳定的扎根,双腿夹向彼此,保持后侧腿的髋和腿向外向后侧旋并拉住身体重量的感觉。在这个姿势保持 5 个稳定的呼吸。吸气,双腿有力,上侧手将脊柱带回到直立状态,呼气,落下双手,双脚内外八字收回到山式。重复练习3次,换反方向练习。

❋ **常见错误**

为了让手摸到地面或者脚踝,含胸弓背,或者耸肩、顶髋、垂头。

扫二维码看讲解

❋ **呼吸控制法**

左右经络清洁法(P35)

❋ **OM 唱诵**(P31)

❋ **冥想**(P38)

教培级精讲

❀ Utthita Parsvakonasana 侧角伸展式

在梵文中，Utthita 意思为"伸展"，Parsva 含义为"侧面的"，Kona 可译为"角度"。人体的运动基本上都是不对称的。侧角伸展式就是典型的非对称运动。在这个体式中，体验从稳定中生出自由和新空间，由内而外的扩张。

✿ 功效

这个体式加强脚踝、膝盖和大腿。纠正小腿和大腿的缺陷，强健胸部，并减少腰部和臀部的脂肪，缓解坐骨神经痛以及关节的疼痛，同时也能增加肠道蠕动，促进排泄。

✿ 练习前阅读

膝关节是人体最复杂的关节之一。两个关节头在胫骨平台上旋转和滑动，内侧的是旋转度很高的扁平球窝关节头，外侧的是作为滑动部件的鞍形关节头。半月板正是为这两个功能量身定制的，内侧半月板辅助旋转，外侧半月板辅助滑动。

✿ Day8　准备练习

转脚练习

双脚打开一条腿长（或再长一点点），双手放在骨盆上。屈右髋，向内转右脚 5~15°，左髋向左外侧转脚 90°左右，调整左脚足跟对着右脚大脚趾（髋紧）或足弓（正常）或足跟（髋能力较好）的位置，蹬直左膝，右髋带着右腿向外旋，右脚对抗。左髋带着左腿向外旋，左膝对着二三脚趾头，调正左右两侧髂前上棘的前后距离以及高低。

扫二维码看讲解

✿ **呼吸控制法**

左右经络清洁法（P35）

✿ **OM 唱诵**（P31）

✿ **冥想**（P38）

✿ **Day9　初学者练习**

沉髋手肘推腿

吸气，双手侧平举，呼气，一边转右髋向外后侧，大腿小腿外旋，脚掌内扣对抗，一边沉髋向下屈左膝直到大腿平行地面，膝盖对着第二、三趾（如果髋特别紧，优先保证第二、三趾的正位）。身体侧腰伸展向左侧屈，左手肘顶住左膝内侧向外推，右手沿着右侧身体线伸过头顶，转头向右上方看向大臂。骶骨、后背、后脑勺找到贴墙的感觉。每次吸气感觉后腰和后背饱满，呼气，骨盆的力均匀沉向双脚，双腿夹向彼此，保持右侧髋腿外转和脚内扣的对抗力。在这里停留 5 个呼吸，最后一次吸气，保持双脚有力，右手带动身体回正，练习 3 次后进入反方向练习。

❋ 常见错误

膝盖没有对着二三脚趾头，身体向前，耸肩。

扫二维码看讲解

❋ 呼吸控制法

左右经络清洁法（P35）

❋ OM 唱诵（P31）

❋ 冥想（P38）

❋ Day10　完整练习

左手掌落在左脚内侧向外推，右手沿右侧身体线伸展过头顶，转头看向右大臂。骶骨、后背、后脑勺找到贴墙的感觉。每次吸气感觉后腰和后背饱满，呼气，骨盆的力均匀沉向双脚，保持右侧髋腿外转和脚内扣的对抗力。在这里停留 5 个呼吸，最后一次吸气，保持双脚有力，右手带动身体回正，练习 3 次后进入反方向练习。

❋ **常见错误**

膝盖没对着二三脚趾头，上胸腔没有旋转向天花板，后腿无力。

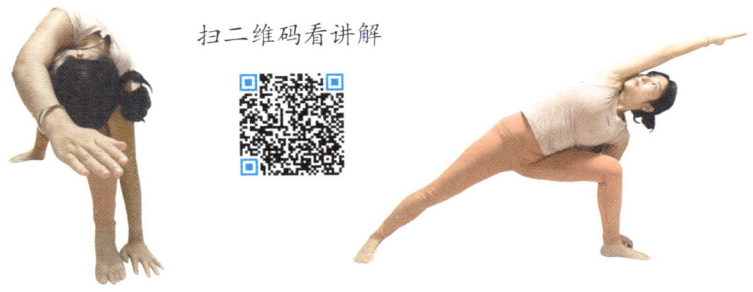

扫二维码看讲解

❋ **呼吸控制法**

左右经络清洁法（P35）

❋ **OM 唱诵**（P31）

❋ **冥想**（P38）

教培级精讲

✿ Virabhadrasana1 战士第一式

这个体式主要是为了纪念由湿婆的头发幻化而成的强大英雄——维拉巴德拉。在练习这个体式的时候，你可以把自己想象成一个披荆斩棘、精力充沛的英雄。

❋ 功效

胸部得到充分的扩展，这将有助于深呼吸，这个体式还可以缓解肩部和背部的僵硬，强健脚踝以及膝盖，对颈部僵硬也有治疗的效果，同时还能减少臀部的脂肪。

❋ 练习前阅读

在练习这个体式时，前面那条腿的膝盖应位于这一侧脚的正上方，并且是螺旋扭曲的。腓骨长肌的作用是确保大脚趾与地面接触，髋关节外旋肌群负责外旋，缝匠肌则负责膝关节的正确旋转。膝关节内侧的3块肌肉保证了膝关节的内旋。

❋ Day11 练习准备

转脚转髋练习

山式站姿做准备，双腿打开一条腿或骨盆同宽的距离。屈右髋向左转脚60°，左脚向外转90°。右髋转向左侧，右脚旁开调整到骨盆摆正的位置，让骨盆和膝盖、胸腔对着正前方。左脚掌大脚球踩地，小脚趾向外向后拉，让左髋左腿做外旋。右脚小脚球踩地，让大脚球向外向前拉，脚跟向后拉，做右髋右腿的内旋，双腿前后向内收，骨盆重心均匀分布双脚。再转脚回正，左右各练习5次。

❋ **常见错误**

骨盆和身体不正。

❋ **呼吸控制法**

左右经络清洁法（P35）

❋ **OM 唱诵**（P31）

❋ **冥想**（P38）

扫二维码看讲解

❋ Day12　初学者练习

手臂上举转脚转髋练习

　　山式站姿做准备，双腿打开一条腿或骨盆同宽的距离。吸气，胸腔推举着手臂向上合十。呼气，屈右髋向左转脚60°，左脚向左转90°。右髋转向左侧，右脚旁开调整到骨盆摆正的位置，让骨盆和膝盖、胸腔对着正前方。左脚掌大脚球踩地，小脚趾向外向后拉，让左髋左腿做外旋。右脚小脚球踩地，让大脚球向外向前拉，脚跟向后拉，做右髋右腿的内旋，双腿前后内收，骨盆重心均匀分布双脚。再转脚回正，左右练习各5次。

❋ 呼吸控制法

左右经络清洁法（P35）

❋ OM 唱诵（P31）

❋ 冥想（P38）

扫二维码看讲解

❋ Day13　完整练习

吸气，提着骨盆前侧，胸廓向上向后展开。呼气，沉髋屈膝向下，膝盖对着第二、三趾。吸气，右侧骨盆前侧向上向后提，右侧大腿向下向后拉，保持 5 个呼吸。吸气，蹬直膝盖转脚回正后，呼气，落下双手，同侧再练习 2 组，换反方向练习。

❋ 常见问题

后腿膝盖不适，骨盆不正，身体前倾。

❋ 调整方法

将脚跟立起来，脚趾头和膝盖对着正前方。骨盆和头的重量沉向后脚。

扫二维码看讲解

教培级精讲

❋ 呼吸控制法

左右经络清洁法（P35）

❋ OM 唱诵（P31）

❋ 冥想（P38）

✿ Virabhadrasana II 战士第二式

这个体式是以一位传奇式的武士维拉巴德那（Virabhadrasana）来命名的。想要成为内心友善且诚挚的战士，你需要拥有强壮的身体，并激活身体的能量中心——太阳轮。瑜伽士认为人体的重要肌肉以太阳轮为中心相连成星状，"腹部大脑"——腹脑也在此处。

❋ 功效

战士第二式非常适合饱受足外翻、X形腿、膝关节疾病（不包括膝关节交锁）、早期髋关节炎、骨盆倾斜、脊柱过度前凸、胸背部僵硬或肩部僵硬等问题困扰的人群，对髋关节发育不良或者足内翻的儿童也很有帮助。

❋ 练习前阅读

当腿部弯曲时，练习者常常不能保证腿部各块骨头正确对齐，排成直线。髋关节、膝关节、踝关节往往形成"之"字。所以脚需要在内旋和外旋间取得平衡。在屈膝时练习者应该把躯干重量放在两条腿上，两条腿协同作用，将对髌骨的压力减到了最小。

❋ Day 14　准备练习

转脚（同 P103）

❋ **呼吸控制法**

左右经络清洁法（P35）

❋ **OM 唱诵**（P31）

❋ **冥想**（P38）

❋ **Day15　初学者练习**

沉髋练习

吸气，胸腔饱满，呼气，一边转右髋向后，大腿小腿外旋，脚掌内扣对抗，一边沉髋向下直到屈膝的大腿平行地面，膝盖对着第二、三趾（如果髋特别紧，优先保证第二、三趾的正位）。3次/组，练习3组，再换反方向练习。

❋ **呼吸控制法**

左右经络清洁法（P35）

❋ **OM 唱诵**（P31）

❋ **冥想**（P38）

❋ **Day16　完整练习**

吸气，双手侧平举，沉肩拔颈，转头看向左手中指。呼气，一边转右髋向后，大腿小腿外旋，脚掌内扣对抗，一边沉髋向下直到屈膝的大腿平行地面，膝盖对着第二、三趾（如果髋特别紧，优先保证第二、三趾的正位），双腿夹向彼此，停留3个呼吸，吸气，蹬直腿起身，重复练习3组，换反方向。

✿ **常见错误**

重心在屈膝腿,身体无法中立。屈膝腿膝盖没有对着第二、三趾。

扫二维码看讲解

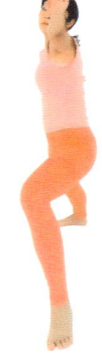

✿ **呼吸控制法**

左右经络清洁法(P35)

✿ **OM 唱诵**(P31)

✿ **冥想**(P38)

教培级精讲

❀ Parsvottanasana 加强侧伸展式

Parsva 的意思是"侧面的",而 uttana 则暗示最终姿势上的伸展是高强度的。加强侧伸展从双手侧平举进入到单腿的状态,可以调整身体的不平衡。

✿ **功效**

这个体式能够缓解腿部和臀部肌肉的紧张和僵硬,使髋关节和脊椎骨更富有弹性,当头部放在膝盖上,腹部器官也得到收缩和加强,还可以调整单侧身体过度打开,比如骨盆、肋骨和颧骨等,并能调整身体两侧重心不平衡的体态。

✿ **练习前阅读**

在练习时,先做双腿和双手的侧面展开,让肚脐先转动,带着内脏流动到练习侧,增加转向侧的内旋能力;进入到单腿前屈后,内脏的重力会让前腿侧的膈肌重量更重,这一侧的后背得到伸展与扩张。当两侧膈肌的能量相差不大时,可以从内在调整身体的不平衡。

✿ **Day17　准备练习**

扫二维码看讲解

❋ 呼吸控制法

左右经络清洁法(P35)

❋ OM 唱诵(P31)

❋ 冥想(P38)

❋ Day18　初学者练习

仰头练习

吸气,骨盆前侧上提,仰头,让重心压向后脚。身体向前屈时,保持头部上仰,重心持续压住后脚。3次/组,练习3组后换反方向。

扫二维码看讲解

❋ 呼吸控制法

左右经络清洁法(P35)

❋ OM 唱诵(P31)

❋ 冥想(P38)

❋ Day19　完整练习

吸气，让做大腿向上提向腹股沟，腹股沟上提。呼气，旋髋向前向下。吸气，多做几次呼气，让自己脊柱放松，内脏滑向胸腔，下巴贴住小腿。后腿的重心下沉蹬地。吸气，蹬左脚起身回正，转脚。再练习2组，换反方向。

❋ 常见错误

骨盆不正，重心在前腿。

扫二维码看讲解

❋ 呼吸控制法

左右经络清洁法（P35）

❋ OM 唱诵（P31）

❋ 冥想（P38）

教培级精讲

✿ Savasana 挺尸式

在这个体式中，通过在完全知觉的情况下保持不动一段时间，并使大脑停止思考，你就学会了如何放松。这种有觉知的放松使身心活力倍增。但是心静比身静更加难以掌握。因此，这个看上去很简单的体式也是最难掌握的体式之一。

❈ 功效

消除疲劳，带来内心的平静。驯服生命之气需要依赖神经。在身体没有任何猛烈动作的情况下，稳定、流畅、精妙、深长的呼吸可以舒缓神经，平和精神。

❈ 练习前阅读

这个体式的重点是放松，整体看这个体式，保持身体平衡十分容易，但是仔细观察会发现很多不能放松的地方，所以可以借助工具。枕骨是圆的，它会向两侧扭转，为了不让头部转向一侧，颈部两侧肌肉要保持紧张状态，可以让颈部在一个凹槽内。手臂放在躯干两侧会让肩前侧韧带、肌肉和肘关节屈肌处于紧张状态，可以让肘关节轻微弯曲向内侧转一点。腿部伸直会让髋部前侧、膝关节后侧韧带紧张，需要稍稍弯曲髋部和膝关节，可以在膝盖下方垫抱枕。

❈ Day20　准备练习（工具 抱枕、毛巾卷）

将抱枕摆在脚前方，毛巾卷放在身后。

双膝放在抱枕上，以脚跟可以外旋落地为准。从腰椎到胸椎卷着，依次躺到地上，再把毛巾卷放到颈部下方。（头前引的情况则需要先拉长颈部，下颚内收后，毛毯卷放在枕骨处。）

  肩胛骨内收向下，大臂内旋，双手交叠放在腹部。停留 5~10 分钟的时间。唤醒时，先吸一口气到胸腔，动动手指头和脚指头，双手举过头顶伸一个大大的懒腰。

  屈膝，身体右侧卧，右手枕在头部下方，停留 2 个呼吸。双手撑地，低头弓背，将自己推起来。进入坐姿，调整下呼吸后，再睁开眼睛。

扫二维码看讲解

❋ Day21 　完整练习

屈膝坐姿位做准备，卷着脊柱，让腰椎、胸椎依次的放在地板上。直直的蹬出左腿，再蹬出右腿。胸口轻轻拎起来一点，让肩胛骨下角向内收再向腰部的方向拉下去，锁骨展开。大臂内旋，双手交叠放在腹部。颈部拉长，微收下颚。（颈椎过直则抬起一点下巴）。骨盆拉向脚跟，让腰部在舒适的位置上，双腿外旋放松。停留 5~10 分钟，

唤醒自己。

扫二维码看讲解

附1:
道夏测试表(来自阿育吠陀瑜伽)

		瓦塔	皮塔	卡法
1	身高	很高或很矮	中等	通常矮胖,但是也可以很高大
2	体形	瘦、瘦骨嶙峋,可能有不错的肌肉	中等	体格发育良好
3	体重	偏轻、无力,血管和骨骼凸显	适中,肌肉比重也适中	偏重、趋于肥胖,难以减肥
4	脸色	偏暗、棕色、微黑	红、红润、潮红、红光满面	白色、苍白
5	皮肤纹理	粗糙、有裂纹、血管凸显、薄、干、凉	通常有痣、粉刺或雀斑,温暖、油性	柔软光滑,皮肤偏厚,湿润,偏冷
6	眼睛	小、干、细长、棕色、暗淡,眼光不稳定,眼皮下垂	大小适中、细长、偏红或青,眼光锐利,容易上火	大、凸、眼皮厚、润泽、偏白、眼光有神
7	头发	少、粗、干、棕色,略有卷曲	适中、油性、细、软,较早变灰或谢顶	多、油性、粗、卷曲,有光泽
8	牙齿	牙齿稀疏、小、不光滑、不齐、牙龈萎缩	大小适中,牙龈柔软,粉色,易出血	大、厚、牙龈柔软、色粉红、润泽
9	指甲	小、薄、干、粗糙、易裂、色暗	中等、柔软、粉色	大、厚、光滑、色白、牢固、润泽
10	脖子	细长	适中	粗壮
11	双肩	窄小、抱肩	适中	宽大、厚实
12	胸部	小、发育不良	适中	发育好或丰满
13	双臂	细、过短或过长,发育不良	适中	粗、厚、圆润、发育良好
14	双手	小、窄、干、凉、粗糙、易抖动	大小适中,温暖、结实	厚、大、偏凉、润泽

（续表）

15	嘴唇	薄、小、暗、干燥、有裂纹	中等、柔软、色红	厚、大、润泽、光滑、结实、苍白
16	鼻子	小、细、长、弯	中等	粗、大、挺
17	下巴	薄、有角	尖细	圆、双下巴
18	眉毛	细长	适中	粗壮
19	腹部	小、不规则、突出	适中	大、大腹便便
20	臀部	修长	适中	硕大
21	双腿	细、过短或过长、膝关节突出	中等	粗大、健壮
22	双脚	小、窄、干、粗糙、易抖动	适中、柔软、粉红	大、厚、硬、坚实
23	关节	小、细、干（凸出）、不稳定，易发出声响，柔韧性差	适中、松弛、柔韧性好	大、粗壮、稳定、质密、润滑
24	口味偏好	喜甜、酸、咸、烹调重油和辛辣	喜甜、苦、涩、喜欢生食，烹调喜清淡无辛辣	喜辛辣、苦或涩，烹调喜辛辣无油
25	食欲	多变、食速不稳定	较强、食速快	稳定、食速缓慢
26	口渴	时而渴时而不渴	经常口渴	很少口渴
27	血液循环	不良、易变、不稳定	良好、温暖	良好、温暖、缓慢、稳定
28	出汗（体味）	少汗、没有体味	汗多、热、体味浓重	适中、冷、体味迷人
29	大便	量少、干、硬，困难或痛苦，有气，容易便秘	量多、柔软、淡黄、腹泻、伴有灼热感	量适中、成型，有时颜色发白，便中携黏质
30	小便	少、困难、一般无色	浓、色黄甚至红，有灼痛感、味道重	偏白、浑浊

(续表)

31	活动	迅速、易改变，不稳定，活跃异常	适中、目的明确，有意图	缓慢、稳重、庄重，善于活动
32	脉搏	细弱	跳跃	宽慢
33	力量（耐力）	力量小、耐力差，开始和结束迅速	适中，对热耐受差	耐力好，但开始慢
34	性欲	易变化、不稳定、异常，欲望强烈但精力不济	中等、强烈，控制欲、占有欲强	低、但稳定，精力很好，投入
35	敏感性	怕冷、怕风，对干燥敏感	怕热、不喜欢阳光和火	怕冷、怕潮湿，喜欢风和阳光
36	对药物的反映	快、计量少即可，易有副作用和神经系统反应	适中	反应慢、药效缓慢
37	易患疾病	神经系统疾病、疼痛、关节炎、精神紊乱	发热、感染、炎症	呼吸系统疾病，黏液，水肿
38	疾病抵抗力	差、易变、免疫系统较弱	适中，有感染和传染倾向	好、有充血和紊乱倾向
39	情绪（情感）	恐惧、焦虑、神经质	易怒、急躁、好争执	平静、满足、依附、多愁善感
40	精神倾向	歇斯底里、易焦虑发作	脾气极端、激动、暴怒	忧郁、沮丧、悲伤、感受迟钝
41	心理特征	反应迅速、适应力强、决断时易优柔寡断	聪明、敏锐、挑剔、有洞察力、一针见血	缓慢、稳定、迟钝、木讷
42	信念和观点	易变、观点多、创新、容易放弃，可能一天一观点	坚定执着，有领导气质，观点成熟、坚持、热切	保守、坚定、忠诚，观点少，但坚持
43	说话	语速快、不稳定、滔滔不绝，语义时有不清	语速适中、爱争辩、有说服力	语速慢、明确肯定，不善言谈

附1：道夏测试表（来自阿育吠陀瑜伽）

（续表）

44	声音	音低、弱、嘶哑，力量或气力不足，难以长时间发声	音高（有时刺耳）、音质良好、柔和	愉悦、深沉，音调好、有磁性
45	记忆力	差，短时记忆力好，但不擅长长时记忆	敏捷，短期记忆力好	记住事物较慢，不易忘记，长期记忆好
46	睡眠	不足、易醒，有失眠倾向	适中，睡眠质量高	嗜睡，不容易醒来
47	梦境	飞翔、移动、不宁的、梦魇、多梦	多彩、充满热情，矛盾冲突、暴力	少梦，如有梦多为浪漫的、感伤的
48	爱好	开玩笑、速度、旅行、故事、艺术活动	竞技性活动，辩论、政治	水、划船、花、化妆品、烹饪
49	经济状况	挣钱快、花钱快	花钱在特定目标上	易守财，适合置业，做经营靠谱
50	人际相处	容易相处，但不很持久，感情不深厚，就是做事效果好，喜平等型、松散型的关系，理性多于感性	适中，喜服从型、控制性、紧密型人际关系，理性关系、情绪理性化、易得罪人，容易强加观点，对朋友和追随者友好	喜依附型、感情型人际关系、感情多与理性，朋友多，忠诚，怀疑，不喜旅行，喜过性生活，不喜挑战，不批评
总分		瓦塔：	皮塔：	卡法：

测试之后，可以计算得出各自不同的道夏分数。大部分人的道夏并不是单一的，而是某个为主，其他的比率小一些。哪一项得分最高，就更偏向于哪种体质。

附2:

不同体质的生活建议

1. 瓦塔体质指导

瓦塔体质的人怕冷,所以保暖非常重要。尤其是夏天,也需要注意。避免生食。瓦塔体质的人胃火较弱,生食不容易消化。不适合食用冰冷的食品,避免直接饮用冰箱中的饮食。避免或少食诸如冷饮、冰淇淋等。避免食用寒性的食物,如螃蟹。多吃容易消化的、暖热的食品。多吃甜食,酸性食物,咸的食物。可以多推拿身体,泡温泉等。可以多泡脚,汗蒸,熏蒸,喝红酒、米酒等,生活有规律,早睡觉(晚上11点前睡觉,不熬夜),每天准时用餐,定时排泄(大便),喝热水。瓦塔体质的人容易变化,不喜欢墨守成规,但是要努力稳定,严守一些生活和健康规则很有必要。要主动克制自己,保持稳定、平静。

2. 皮塔体质指导

皮塔体质的人怕热,保持相对清凉的工作和生活环境非常重要,穿衣服和其他体质的人相比,要少穿一些。避免在很热时暴露在日光下。避免食用过热的食物、辣椒等刺激性调料。不宜食用油脂过多的食物,适合饮用清凉饮料,戒烟戒酒。按时好好吃饭,特别是正餐。吃喜欢的甜味、苦味、涩味的食物,避免或少吃辣味、酸味和咸味的食物。使用清凉、怡人的香水,配戴诸如蓝宝石或水晶饰品。享受凉风,欣赏怡人的音乐,促进与朋友的友谊。避免过多批评他人,避免急躁,不要过于吹毛求疵,冷静。

3. 卡法体质指导

和瓦塔体质相似,不适合冷食。多食用干燥、清淡、少脂肪的食品。卡法体质的人比较懒,需要强化自我运动,也可以多做一些被动推拿。卡法体质的人排泄功能相对差,应避免食用难以消化的食物,避免食用垃圾食品。勤参与各种活动,多做具有差异性的事情,不要只做单调的事情,激活自己。不宜食用乳制品,慎食高脂肪、高蛋白食物。适合推拿、辟谷等。避免久坐。

附3：

在此提供属于帕坦加利传统的冥想，其特点就是专注。在练习专注和冥想中，所选择的对象或理念可以是具体的，也可以是抽象的，可以是一个词，或者是一种观念，也可以是一副图像，或者一个符号，当然还可以是某个信仰或某个人。我们选择两种比较方便实践的冥想方法：一点凝视法和脉轮冥想法（脐轮和心轮）

1. 一点凝视法

一点凝视法是一种清洁术，类似某种清洁过程，让身体获得很多的益处，也是一种非常实用的冥想方式。一般可以把它视为一种预备式冥想。这也是我在课堂上经常使用的一种冥想。

开始：

选择一间暗房，点一支质量上乘的蜡烛，将蜡烛放在稳定的地方。蜡烛之顶与眼睛的高度对齐，眼睛与蜡烛的距离在0.5~1.5米之间。关窗，不让空气有明显的流通，蜡烛的火焰要稳定。

练习：

（1）选择舒适的冥想坐姿，保持背部挺直，结自己比较有链接的手印，自然放松。

（2）先做眼球的旋转练习或者闭目养神1分钟。

（3）慢慢睁开眼睛，将视线首先看向地面，然后慢慢看向蜡烛底部，再慢慢看向蜡身，最后再慢慢看向火焰。

（4）观看整个火焰，不要紧张，面部放松，眉心放松，自然呼吸。

（5）一直盯着火焰，尽可能不要眨眼或少眨眼。

（6）眼睛流泪或者非常疲惫时，可以闭眼放松。

（7）闭眼后，继续内视眼中的火焰余像。（觉得累的时候，可以躺下）

（8）火焰余像消失后，睁开眼睛，再次凝视火焰。

这一冥想，开始时，可能你只能做上几分钟。当你有感觉时，也许可以做到 5 分钟。做 3~5 分钟为一轮，一次可以做 3 轮，做 9~15 分钟。做完以后，闭眼放松 1~3 分钟，然后搓热双掌，双掌从下而上洗面，揉双耳，慢慢睁开眼睛。

禁忌：癫痫病患者，头痛、严重眼部肿胀或疼痛、近期做过眼部手术的人都禁止这一练习，失眠和非常敏感的人可以在睡前做少量的练习。

益处：通过一点凝视法，眼睛会变得更为清明，增进眼部肌肉的持久力，清洁泪腺，净化视觉系统，平衡神经系统，提高专注力，缓解神经紧张、失眠、焦虑和沮丧，保持和促进视力。

一点凝视法的对象是蜡烛，属火和光。根据阿育吠陀瑜伽，瓦塔体质和卡法体质的人都适合练习此法，皮塔体质的人不宜多练。

2.脉轮冥想法（脐轮和心轮）

我们的脉轮有 7 个，根轮（海底轮）、生殖轮、脐轮、心轮、喉轮、眉心轮、定论。在冥想中，我们可以冥想这些脉轮，观想不同的脉轮，具有不同的意义。

这里我们分别介绍脐轮和心轮的冥想。冥想一般可以伴随相应的调息。

脐轮冥想

（1）选一个安静、安全的房间，不可有人自由进入房间。

（2）结一个有链接的手印，自然呼吸 3 分钟。

（3）让意念守住脐轮。

（4）想象用脐轮吸气。用脐轮缓慢吸气时，脐轮自然扩大，膨胀；同时，默念曼陀罗 Ram，想象诸多的能量聚集到脐轮处。

（5）想象用脐轮住气。静静地住气时，脐轮保持不变，寂静，能量安住在脐轮中。

（6）想象用脐轮呼气。缓慢呼气时，脐轮发出强烈的、金光灿灿的光波，想象脐轮是 Ram 的光波能量源头。

（7）如此冥想49次或99次，或更多。

（8）整个过程始终意守脐轮。

脐轮对应的元素是火，火主导皮塔。脐轮冥想特别适合瓦塔和卡法体质的人，皮塔体质不宜多练。

心轮冥想

（1）选一个安静、安全的房间，不可有人自由进入房间。

（2）结一个自己有链接的手印，自然呼吸3分钟。

（3）让意念守住心轮。

（4）想象用心轮吸气。用心轮缓慢吸气时，脐轮自然扩大，膨胀；同时，默念曼陀Yam，想象中多的能量聚集到心轮处。

（5）想象用心轮住气。静静地住气时，脐轮保持不变，寂静，能量安住在心轮中。

（6）想象用心轮呼气。缓慢呼气时，心轮发出强烈的、绿色的光波，想象心轮是Yam的光波能量源头。

（7）如此冥想49次或99次，或更多。

（8）整个过程始终意守心轮。

心轮对应的元素是风，风主导瓦塔。心轮冥想特别适合皮塔和卡法体质的人，瓦塔体质不宜多练。

参考文献

[1] 王志成.阿育吠陀瑜伽[M].2版.成都.四川人民出版社,2022
[2] 艾扬格.瑜伽之光[M].2版.王晋燕,译.北京.当代中国出版社,2006
[3] 刘子玉,吕晓丹.瑜伽可以很科学[M].成都.四川人民出版社,2024
[4] 戴奇沃迪.身心合一[M].邱温,译.北京.当代中国出版社.2010
[5] 凯尔.功能性瑜伽解剖学[M].李诗源,译.北京.北京科学技术出版社.2021
[6] 拉森,沃尔夫,哈格尔-福斯滕莱希纳.康复瑜伽[M].胡庆,译.北京.北京科学技术出版社.2022
[7] 希瓦南达.唱诵瑜伽[M].王东旭,译.上海.商务印书馆.2018
[8] 博格.瑜伽与心理健康[M].邓育渠,译.北京.中国青年出版社.2021
[9] 肖然.中医心理治疗[M].北京.世界图书出版有限公司北京分公司,2020